ちくま新書

社会学講義

橋爪大三郎 Hashizume Daisaburo
佐藤郁哉 Sato Ikuya
吉見俊哉 Yoshimi Shunya
大澤真幸 Ohsawa Masachi
若林幹夫 Wakabayashi Mikio
野田潤 Noda Megumi

1205

まえがき

あなたは、「社会学」の講義を取ろうか迷っている、大学新入生ですか。進路の参考にしようという、高校生ですか。それとも、復習をかねて手軽な新書をと手を伸ばした、社会人ですか。どなたもこの本を選んで、大正解！　社会学がどういう学問か、この一冊でしっかり、輪郭を摑むことができます。

＊

社会学の教科書が、いっぱい書棚に並んでいます。全部で一五章あって、まんべんなく社会学のテーマが並んでいるのは、大学の講義のテキストです。授業とあわせて読むものなので、それだけ読み通すのは大変です。英語の教科書は、もっと分厚いのがあります。たとえば、アンソニー・ギデンズの『社会学』。翻訳もあって、まるで電話帳です。参考になりそうなことなら何でも書いてあるので、百科事典のようです。隅から隅まで吸収すると、社会学がすっかりわかってしまう本格派ですね。

それに比べると、本書はずっとスリム。章立てもシンプルです。社会学がどんなものだか、ちょっとだけ知りたい、社会学の世界をのぞいてみたい。そういう読者の皆さんに、気軽に手にとってもらいたいからです。

＊

本書は、一九九三年に出版された、『わかりたいあなたのための社会学・入門』（別冊宝島）がもとになっています。以来、増刷を重ね、多くの人びとに親しまれてきた、入門書の定番中の「定番」です。

ですから、安心してお読みいただけます。

とはいえ、出版から二〇年あまりを経て、世界も社会も、人びとも、変わりました。社会学の本質は変わらないとしても、手直しの必要な部分も出てきました。そこで今回、ちくま新書から再刊するにあたり、少しだけリメイクを加えました。

・原著から、初心者が社会学を体系的に学ぶのにちょうどよい、五つの章を選りすぐって、コンパクトに編集しました。
・第2章「理論社会学」は、九〇年代以降の成果を盛り込んで、書き加えました。
・第5章「家族社会学」は、この二〇年あまりの家族をとりまく状況が大きく変化したため、新たに書き下ろしました。
・そのほか、再刊を機会に見直して、内容を更新した箇所があります。
・タイトルも、『社会学講義』と改めました。
こうして、新書で読める社会学の入門書、参考書として、ピカピカに生まれ変わったのではないかと思います。

＊

社会学をどう勉強したらよいのか、わからない、社会学は摑みどころがなくて、よくわからない、という声を聞きます。

社会学は、簡単です。あなたも私も、誰もがいま生きているこの社会の、常識をベースにしているからです。そして、社会学は、むずかしいです。どこをどう勉強したら、その常識を超える「学問」になるのか、コツがわからないからです。

本書にはその、コツが書いてあります。

経済学しか勉強しない、政治学しか、法学しか、理工系の学問しか勉強しないできた人びとが、社会について発言するのを聞くと、おやっと思うことがよくあります。それはただの理屈でしょう。実際の人間は、そうじゃないよ。実際の人びとは、そんなふうに生きてないよ。それらの学問が関心を払わないで、無視している、具体的な社会があるよ。

そういうことを、はっきり根拠をもって言えるようになるのが、社会学を学ぶということです。社会学のほんとうの教科書は、この社会そのものなのです。そのことに気づけるようになれば、あなたはもう、社会学のコツを摑んだも同然です。

本書を役立てて、読者のみなさんが、この社会をよりよくしていくための、具体的な活動に取り組まれることを期待します。

二〇一六年七月

橋爪大三郎

社会学講義【目次】

著者略歴

橋爪大三郎（はしづめ・だいさぶろう）
1948年生まれ．東京工業大学名誉教授．主な著書に，『ほんとうの法華経』（共著，ちくま新書），『面白くて眠れなくなる社会学』（PHP研究所），『戦争の社会学』（光文社新書）などがある．

佐藤郁哉（さとう・いくや）
1955年生まれ．同志社大学教授．主な著書に，『社会調査の考え方』（上下，東京大学出版会），『質的データ分析法』『フィールドワーク 増訂版』（いずれも新曜社）などがある．

吉見俊哉（よしみ・しゅんや）
1957年生まれ．東京大学教授．主な著書に，『夢の原子力』（ちくま新書），『「文系学部廃止」の衝撃』（集英社新書），『都市のドラマトゥルギー』（河出文庫）などがある．

大澤真幸（おおさわ・まさち）
1958年生まれ．社会学者．主な著書に，『生権力の思想』（ちくま新書），『増補 虚構の時代の果て』（ちくま学芸文庫），『不可能性の時代』（岩波新書）などがある．

若林幹夫（わかばやし・みきお）
1962年生まれ．早稲田大学教授．主な著書に，『郊外の社会学』（ちくま新書），『社会学入門一歩前』（NTT出版ライブラリーレゾナント），『未来の社会学』（河出ブックス）などがある．

野田潤（のだ・めぐみ）
1979年生まれ．日本女子大学等非常勤講師．著書に『平成の家族と食』（共著，晶文社），『フラット・カルチャー』（共著，せりか書房）がある．

第1章

社会学概論

橋爪大三郎

社会学とはどういう学問なのかを、これから考えていこう。

社会学は、まずその名前からして、「社会」を研究する学問である。

では、「社会」とは何だろう。それがわかれば、社会学とは何かもわかるはずだ——いちおう、こう考えられる。

ところが、よく考えてみると、「社会」を研究する学問は、社会学のほかにもいっぱいある。主なものだけでも、政治学、経済学、法学、といろいろある。これらをまとめて「社会科学」と呼ぶことになっている。社会学は、こうした社会科学のなかの、たかだかひとつにすぎない。

というわけで、おなじ「社会」を研究する学問のなかでも、どこがひと味違うのかを言わないと、社会学とは何かがわかったことにはならない。社会学には、ほかの社会科学と違った、独特のものの見方があるのである。

さてそこで、社会学とはじゃあ何なのかというあたりに、さっさと話を進めてもいいのだが、ちょっと遠回りして、社会学はどんな学問でないのかというほうを、先に片付けておこう。

†社会学とはどんな学問ではないのか？

まず社会学は、政治学と違う。

では、政治学とは何か？

政治学を、ひと口で言うならば、「政府の行動を研究する学問」である。政府は何をするかというと、軍事、外交も行なうけれども、主に「行政」という活動をする。政府には役人が大勢おり、彼らが国家の行政を司っている。

その政府が、どういうふうに動くかというと、近代民主主義国家の場合、じつは市民によってコントロールされている。そのコントロールの手段が、選挙や世論である。市民を代表するものとして、選挙で選ばれた議会もある。世論を政府に伝えるものとして、マスコミもある。つまり、行政、選挙、議会、世論、マスコミ、こういうものの働きによって、政治は動いていくわけで、このメカニズムを研究するのが、政治学なのである。

こうして見ると、政治学は、たしかに社会の研究ではあるが、社会の一部分の研究にほかならないということがおわかりであろう。これに対して社会学は、政治（政府を中心とする政治のメカニズム）だけでなく、もっと広く、一般的に社会を扱う学問なのである。

ではつぎに、経済学は何をやっているのだろう？

経済学というのは、ひと口で言うと、「企業の行動を研究する学問」である。企業は、物を作ったり、売ったり、買ったりしている。企業のほかにももちろん、私たちの家計（ハウスホールド）もあって、やはり物を売ったり、買ったりしている。そのほかに政府も、企業や家計から税金を集めたり、物を売ったり買ったりなどの、いわゆる経済活動をしている。こうしたことを研究するのが経済学である。だから経済学の対象は、売買の関係による企業や家計のつながり、つまりマーケット（市場）なのだ。これも、社会のあり方のごく一部にすぎないことは、言うまでもない。

最後にもうひとつだけ、法学について説明しよう。

法学というのは、「裁判所の行動を研究する学問」だと考えられる。

裁判所は、法律に基づいて判決を下すところである。人びとは、不法な行動をして裁判所で有罪になったり、不利な判決を受けたりしないように、自分の行動をコントロールする。法律を念頭において行動するわけである。こういう現象全体を研究するのが法学だ。しかしこれも、社会のあり方のごく特殊な場合を研究するにすぎない。

このように、政治学も、経済学も、法学も、どれも社会科学であるけれども、社会のごく一面に注目して、研究を進める。すると、ほかの側面は、とりあえずどうでもいい、という扱いになってしまう。政治学や経済学はそれでもいいかもしれないが、では、とり残された側面は、誰も研究しなくていいのか。やはり、社会の全体を丸ごと研究する学問も必要だ。これが社会学なのである。

†政治学、経済学、法学と比較してみよう

社会学は「社会」を研究する学問だ、と最初に述べた。では、「社会」とは何か？

「社会」とは、ずばり、人間と人間との関係にほかならない。ここで「関係」を、人間と切り離さないところが、社会学のものの見方の最大の特徴である。社会をあくまでも、

「……—人間—関係—人間—……」のように見るのである。

この点を、政治学、経済学、法学と比較してみよう。

政治学も経済学も法学も、社会科学である以上、どれも人間と人間との関係を扱っている。ただし、政治学の場合、人間と人間との「権力の関係」を扱い、それ以外の関係は無視する。経済学であれば、人間と人間との「貨幣による関係」を扱い、貨幣に換算できない関係は無視する。法学であれば、人間と人間との「法律による関係」を扱い、法律に

還元できない関係は無視する。

言うまでもなく、こうした関係はすべて、特殊なものである。人間と人間との関係のあり方は、もっと多様だ。社会学はそうした多様な関係の、もっとも一般的なあり方を研究しようとする。こういう点が、政治学や経済学など、ほかの社会科学とはかなり違っている。

こういう具合で、社会学の守備範囲はひじょうに広くなるから、研究の方法のほうも、なんでもありで、非常に柔軟なものとなる。結論のほうも、経済学のようにごく限られた前提から、数学などを使ってカチッとした結論を出すのでなく、もう少しゆるやかな結論とならざるを得ない。こうした、対象や方法の多様性が、社会学の特徴だと言える。

ついでに、ほかにどんな社会科学があるか、ざっと見ておこう。

少し毛色の変わった社会科学に、人類学がある（人類学は、社会人類学とか文化人類学などと言う場合もある）。人類学は、社会学と似ている。なぜなら人類学は、未開社会の政治も経済も法律も、なんでも扱うからである。この点、人類学と社会学はそっくりなのだが、研究の方法が違っている。

人類学はたしかに、人間と人間との関係一般を扱うのだが、この関係は、自分たちの社会の関係ではなく、よその社会のもの（異文化）である。人類学者は、その社会に、ふらりと外からやってきた。外から、この社会を観察するという関係になっている点が、人類学の大きな特徴だ。だから、人類学者の関心は当然、自分の社会と違っている部分に集中する。それを報告するだけで、大きな情報価値がある。それに対して、社会学者は、自分たちの社会を研究するわけだから、ちょっとやそっとの結論では誰も驚いてくれない。ここが、社会学者の悩みである。

心理学という学問もある。心理学は、社会科学ではなしに、人文学に含めることになっているが、社会学との関係が深い。

心理学と社会学の最大の違いは、心理学が（人間と人間の）「関係」に注意を払わないという点にある。心理学は、人間をひとりだけ取り出して、こんなふうに刺激を与えたら、こんなふうに反応したという、刺激→反応の関係を研究する。ある人間の行動に興味を示すところまでは、社会学と同じなのだが、その行動を反応とみなして、それを環境やその他の要因で説明しようとする。いっぽう社会学は、そうではなくて、あくまでも「社会」（複数の人間の集まり）を対象にする。そこで人びとがとり結ぶ関係のあり方を、解明しようとする。

†社会学は、人間と人間の「関係」を扱う学問である

さて、話を社会学に戻そう。

社会学は、人間と人間との「関係」を研究する、と言った。でも、口で言うのは簡単だが、実際にはこれは、とても難しいことなのだ。

その難しさを理解してもらうために、社会学を、原子論(アトミズム)と比較してみよう。アトミズムは、ギリシャ哲学の昔から始まって、今日の学問の主流となっている考え方なので、おそらくおなじみのはず。たとえば物理学は、アトミズムに立脚している。数学も集合論、つまりアトミズムを基礎にしている。全体は、要素に分解できる。要素を機械的に集めてくれれば、元どおりの全体になる。こんなふうなものの見方がアトミズムだ。アトミズムは、要素と要素との関係を、あまりテーマにしない。要素さえしっかりつかまえれば、関係も自然につかめるという考え方なのである。

社会がもしも、原子(アトム)みたいなバラバラの人間からできていて、それらが集まれば社会ができる(つまり、社会=Σ人間である)のなら、問題はとても簡単だ。社会学なんていう学問も必要なくなる。アトム=人間のことさえ、しっかり研究すればいいからで

ある。

原子（アトム）と人間は、違う。

どう違うか。

原子は、全体から切り放されても、原子のままである。原子一つひとつがもともとの性質をもっており、単独でも、ほかの原子といっしょにいても、その性質は変わらない。だから、ひとつの原子の性質から、複数の原子が集まった場合のことを完全に予測できてしまう。

しかし、人間はそうではない。人間は、社会から切り離されたら、人間であることの条件を失い、人間でなくなってしまう。人間とは、もともとほかの人間たちといっしょに、社会を作って生きているものなのである。人間を取り巻く社会関係の中にあってこそ、人間は人間である。この意味で、人間は社会の単なる「要素」ではないし、社会は人間が単に集まっただけの「全体」ではないのである。

そこで、人間たちが複数集まっている状態を観察しようとすれば、どうしても、人間と人間との「関係」をテーマとして扱わなければならない。この関係を、いかに扱うか。これが、社会学のもっとも根本的な問題である。

しかし一般に、関係は目に見えないので、これを取り出すのはやっかいである。人間が大勢集まって社会を作り、社会関係を作る。社会関係ができ上がっているので、新しく生まれた個体が社会に適応し、人間らしい人間に育っていく。――このように、人間と社会は、ニワトリとタマゴの関係（相互形成的）で、どちらが先、どちらがあととは言えない。この点もやっかいだ。だから、原子論を中心に組み立てられている自然科学の方法は、そのままでは社会学に持ち込めない、と私は思っている。

では、実際に、社会学はどんなふうにして学問の体裁を成していったのだろうか？ まず、社会関係を「ひとつの固定したパターン」として取り出し、これを説明変数（原因みたいなもの）にすえて、社会現象を説明するというのが、誰でも考えつく最初のやり方である。この「社会関係の固定したパターン」のことを、社会構造という。社会構造がわかっていれば、一人ひとりの人間の行動は、かなり予測可能になる。

社会構造は、定義上、あまり変化するものではない。社会によって少しずつ違うので、「文化」と言ってもかまわない。

でも、この議論だと、ニワトリ⇅タマゴの関係の、半分しか扱ったことにならない。そこでつぎに、社会学は、今述べた「社会構造」が、どのように形成されたのかを説明したいと考える。でも、それは簡単ではない。社会構造をこんどは被説明変数（結果みたいなもの）と考え、それを一人ひとりの人間の行動で説明したのでは、議論がぐるぐる回り（循環論）になってしまう。それ以外のうまい方法も、おいそれとは見つからない。そんなこんなで、ああでもない、こうでもないと、いろいろ議論を続けているのが社会学の現状だ。

†啓蒙思想――あるべき社会への模索

社会とは何か？　この大きな謎をめぐり、これまで数百年あまりにわたって、さまざまな学者たちが、さまざまな学説を述べてきた。そして論争を繰り返してきた。そうした議論のなかから、どうも「社会学」という学問が必要だということになった。こうして社会学が、一九世紀の半ばぐらいに成立する。

社会学ができ上がるまでの議論の流れを見ると、だいたい三つぐらいの段階があったのではないかと思われる。

まず、社会学なんかまだなかった時代。当時の人びとは、あるがままの社会を見ることよりも、あるべき社会の姿を考えることのほうに関心があった。これが、啓蒙思想の時代である。

この時代、あるがままの社会は、封建的で因習的で、どうしようもないものだった。少なくとも、勃興しつつある市民階級にとって、そのように見えた。あるがままの社会を、打倒してしまおう。そのかわりに、あるべき社会を打ち立てよう。こういう考え方が主流だった。

では、あるべき社会とはどういうものか。それは、人間たちが理想的な関係を結んで作り出す社会。その関係を作り出すキーワードが契約、つまり社会契約だった。啓蒙主義者たちは、社会契約によって市民社会を打ち立てるんだ、という理想と気概に燃えていたのである。

啓蒙思想の時代には、政治学とか、経済学とかいった区別はとくになく、みなひと塊のものだった。もちろん、社会学という独立した学問もない。社会について思索することは、どちらかと言えば哲学（社会哲学）の領分であり、現実社会／理想社会の違いも、あまりはっきり認識されてはいなかった。

†コントは、あるがままの社会を見つめよと言った

さて、そうこうするうちに、フランス革命をはじめとする市民革命が劇的な成功を収める。すると市民階級の間から、あるがままの社会とあるべき社会とをはっきり区別する考え方が生まれてきた。その背景には、革命が終わっても、ちっとも理想の社会が実現しないじゃないかという、ポスト革命世代の幻滅があっただろう。こうした人びとのなかから、実証主義者を自称する学者が出てくる。最初の実証主義者は、A・コントであった。

コントは、あるがままの社会を見つめるべきだと主張した。社会にも、自然法則に匹敵する法則性があるはずで、それを認識し、科学的に研究することこそ、社会学の任務である――私流に要約すると、彼の主張はこうなる。この考え方は、いろいろな人びとに刺激を与え、ひとつの時代思潮になっていく。

では、社会の中に、どういう法則性を発見できるか。

当時の人びとの平均的な考え方は、それをアナロジーによって捉えようというものだった。社会は、独自の運動法則をそなえた全体である。それなら社会を、有機体（生物）みたいなものと考えられないか。一九世紀は、進化論が圧倒的な勢力をふるった時代だったので、こういう発想は人びとに受け入れられやすかった。この第二段階を、社会有機体説の時代と呼ぶことができると思う。

社会有機体説はいちおう、あるべき社会でなく、あるがままの社会（現実社会）を捉えようとする。しかしその捉え方は、アナロジー（類比）である。社会を一個の生き物みたいなものと考える。たとえば生き物には、頭がある、それは政府だ。血管がある、それは道路だ。神経がある、それは電線だ。細胞がある、それは家庭だ、という具合である。

当時はまだ、遺伝子のワトソン・クリック・モデルもなければ、アデノシン三燐酸がどうとかのエネルギー回路も発見されていなかった。生物は、物理学と関係ないまったく別の論理で生きているもの、しかも進化の法則に従うもの、という扱い。だから「有機体」と言えば、物理学のように厳密でなくても、なんとなく科学的なことを言ったような感じになる。こういう点、有機体のアナロジーは、よちよち歩きの社会学にとって、まことに都合がよかった。

しかししょせん、アナロジーはアナ・ロジー（ロジックのなりそこない）にすぎない。社会有機体説は、一人ひとりの人間がどういうふうに全体を作っているか、きちんと議論するものではない。社会の全体がどういうふうに動いているかを、要素から説明するロジックは欠けている。こうした手づまりが明らかになって、社会有機体説はだんだん下火になっていく。

†デュルケムは、人間の「連帯」を考察した

こうした時代を経て、社会学は、独自のロジックを生み出すに至る。社会の要素的なものと社会の全体とのつながりを、もっと明確なかたちで問題にした、社会学の創始者たちの時代を迎える。

たとえば、G・ジンメル。彼は、形式社会学の創始者である。

ジンメルは、人間と人間の関係には、「結合の関係」「分離の関係」といった、基本的なタイプがあると主張した。これはちょうど、電気のプラス・マイナスにあたるものだ。そして、こうした基本的な関係がいくつも組み合わさることで、ちょうどアミノ酸が蛋白質を作っていくように、社会をつくりあげているのであろうという予測を述べた。彼のタイポロジーは、来るべき社会学の扉をノックしただけだったけれども、その方向性が、要素的なものの積み重ねによって全体を説明することにあったのは明瞭である。

また、E・デュルケム。彼は、人間の「連帯」を考察した。

連帯は、人間と人間の結びつきだから、ジンメルの「結合」と少し似ている。でもデュルケムは、そのもう少し先を考えた。そして、「機械的連帯から有機的連帯へ」と、社会

が段階を踏んで進化していくと主張した。まず、わりあい単純な社会では、人間の関係がワンパターンである。たとえば親兄弟の結びつきのように、ずっと同種の関係がつながって、親族組織になったり、氏族社会になったりしている。このタイプの連帯は、社会のどの部分をとってもみな同じようなものなので、ミミズみたいな環節動物にたとえられる。同一の部分がいくつも集まって全体を構成する——これが機械的連帯だ。

いっぽう有機的連帯のほうは、異なる要素が集まって全体を構成すること。たとえば、家庭、学校、企業、教会、政府のように、それぞれ性質の違うものが集まって、われわれの社会は構成されている。どの部分も、なくてはならない存在として、互いに相手を必要としている。この結びつきを、機能的な結びつきと考えてもよい。社会は、有機的連帯の段階に進むと、よりすぐれた機能を発揮するようになる。

このように、デュルケムは、要素的なものと全体的なものとをつなぐロジックを骨太に描き、そのこと自体をテーマとして追究した。

デュルケムはもうひとつ、「社会的事実」という重要な概念を提出した。一人ひとりにその意図がなくても、大勢が集まって行動していると、結果的に拘束力が生まれ、それが社会法則に転化してしまう場合がある。流行やバブル現象などは、その典型だ（マルクスだったら、これを疎外と呼ぶかもしれない）。しかしよく考えてみると、人間社会の文化はみな、こうした社会的事実にもとづいているとも考えられる。社会的事実こそ、まさに社会学が解明すべき法則性なのだ。こうして、社会法則がどういうものかについて、デュルケムは一歩突っ込んだ理解を示した。

†ウェーバーの制度への問い――社会学の誕生

M・ウェーバーの業績についても、触れておこう。

ウェーバーは守備範囲が広く、じつにいろいろな仕事をした。

彼も、ジンメルやデュルケムと同じように、要素と全体の関係を、ずっと意識していたように思われる。たとえば『支配の社会学』を見てみよう。そこで取り上げられているのは、ある制度――政治制度や教会の制度――が、どういうふうにでき上がるかというロジックである。

制度はなぜそこにあるか？

ひとつの答は、伝統である。昔からそうだったので、今もそこにある。つまり、再生産されているのだと説明する。

しかしこの説明では、問題を先送りにしただけだ。最初の制度はどうやってできたんだろうという疑問には、答えられない。ウェーバーは、この点も考え、カリスマという概念を持ち出した。カリスマというのは、ある個人が持っている特別な能力のことで、ほかの人間に大きな影響を与える。しかもこの影響は、雪だるま式にふくらんでいく。カリスマを持っている人間のまわりに、何人かが集まって家来になる。そうすると、カリスマがふくらんだような感じになり、もっと多くの人間が引きつけられる。——これがカリスマの特性だ。

カリスマは、途中でつぶれる場合もあるし、どんどん大きくなる場合もあるだろう。ただいずれにしても、カリスマを持っていた人はやがて死んでしまう。ではどうなるか。彼の言葉が残る。彼の子孫が残る。彼の家来たちが残る。それが官僚化したり習慣化したりして、制度になる。そうやって、伝統に転化するということがありうる。

ウェーバーはこのように、カリスマが血統や伝統などによって制度化していくロジックを追いかけ、これを、政治制度や支配の起源と考えてはどうかと提案した。このアイデアは、あとで述べる「ミクロとマクロの接点」の問題と関係があるけれども、それは後回しとする。とにかくウェーバーの考察は、ただたんに全体が有機的にうまくいってますよ、というものではなくて、それがどのように形成されたのかに関する丹念な仮説を含む、まことに画期的なものだった。

　ウェーバーの業績の背後には、こうしたロジックが一貫している。もうひとつ例をあげれば、彼の仕事でもっとも有名な『プロテスタンティズムの倫理と資本主義の精神』（岩波書店）。ここでのテーマは、一人ひとりの行動パターン（禁欲的な行動原則）が、社会制度（資本主義の社会システム）をどのように生み出したか、である。

　ジンメル、デュルケム、ウェーバー。この三人に共通するのは、要素的なものと、社会の全体との関係を、常に意識していること。そして、個々人が社会関係を生み出し、社会関係がある時代や歴史や制度を作っていくというダイナミズムを、はっきり視野に収めて掘り下げたことである。彼ら三人の巨人たちによってはじめて、アナロジーの域を脱した「社会学のロジック」が成立した。社会学が誕生したのである。

　今でも、社会学者を志す人びとは、ジンメル、デュルケム、ウェーバーの三人の書物を必ず読むことになっている。この三人が、社会学者のアイデンティティとなっているのには、それだけの理由があるのだ。

†二〇世紀の社会学のキーワードは「システム」

社会学の巨人たちは、一九世紀末から二〇世紀はじめにかけて登場した。彼らは偉大だったけれども、いくつかの問題もかかえていた。

いちばんの問題は、彼らがせっかく編み出した社会学のロジックが、誰でも使えるようなかたちに書けていなかったということ。数式で表現できていれば、いちばんいい。数学までいかないまでも、少なくともロジックとして容易に修得できるとよい。しかし実際には、彼らの残したテキストと悪戦苦闘して、どうにか体得するしかないものだったのである。そうすると、弟子たちの出来が師匠よりも悪いことも手伝って、あれこれ奇妙な解釈が横行するようになり、もともとのロジックがますますはっきりしなくなってきた。

そこで、この社会学のロジックを、もうちょっと一般的なかたちで表現したり、再構成したりできないかということが、ひとつの問題になってきたわけである。

ところが、一九世紀の当時は、自然科学や数学などの分野がまだまだ未発達だったために、社会学だけが他に先駆けてそれを成し遂げるのは無理だった。それが可能になるのは、一九三〇年代以降になってからである。

二〇世紀になってから、いくつかの分野で、社会科学は急速な進歩をとげた。その最たるものは、経済学であろう。経済学は、一九三〇〜五〇年代の間に、過去の理論の数学化をほぼ完成してしまう。それまで古典的に積み重ねられていた、経済や市場に関するさまざまな分析を、数学的に表現し研究する方法を我がものとしたのである。

ここでのキーワードは、「システム」だった。システムは、経済学にとどまらない、非常に幅広い考え方で、二〇世紀の学問の指導理念とも言える。システムをキーワードに、理論構築を進めようという動きが、二〇世紀の社会学をリードする潮流となった。

システムを定義すると、「多くの要素からなる全体」ということになる。これは、原子論の発想をもとにしているが、それを一歩進めたものである。

まず、システム論の考え方によれば、全体というものがある。全体は、必ず要素に分解できる。全体を要素に分解していく手続きが可能である。そして、分解が終わると、要素が取り出せる。いっぽう逆に、それらの要素を組み合わせるならば、もとの全体が過不足なく再現できる。こういう、分析と総合のプロセスが可能である。

このように、分析と総合を通して、全体を要素のつながりとして把握すること。これがシステム論の考え方である。

いくつか例をあげれば、太陽系のような力学的なメカニズムも、ひとつのシステムである。人体のような有機体も、ひとつのシステムである。また、市場（マーケット）のような、人間の形成した社会装置も、ひとつのシステムである。こうしたシステムは、原子のようにみな同じ要素でもって形成されているわけではない。要素は互いに違っていてよい。そして、要素と要素がどうつながっているのかが、はっきり特定できる。この二点が、その昔の原子論よりも、一歩踏み込んだ主張になっている。

世の中のたいていのものは、要素から成る全体とみなせるから、システム論で取り扱うことができる。対象を分析し、総合する手段（メソッド）さえあれば、ものごとをシステムとして捉えるこの方法論は、非常な威力を発揮する。

†システム論は単一要因説とどう違うか？

システム論の特徴は、どこにあるのだろうか。

これをたとえば、単一要因説と比較してみよう。

単一要因説というのは、ある事柄を説明するのに、何か特定の原因をひとつだけ考える立場。太陽黒点説みたいに、どんな現象だろうと、強引にひとつの原因から説明しようとする立場である。原因→結果という因果論の体裁をとる点はいいのだが、あまりに単純なモデルであるため、結論そのものは科学的な批判に耐えない場合が多い。

マルクス主義の主張は、かなり複雑であるが、最終的には階級闘争からすべてを説明するというロジックは、単一要因説の変種と考えられる。

これに対して、システム論は、特定の要因を説明要因と考えない。すべての要因が互いに連関している、と考える。この複雑な連関をそのままモデル化して、すべての要因の相互連関の結果、われわれの観察するような現象が現れたと考える。もしこれが成功するなら、いちばん現実にフィットした、実証的な議論ができ上がることは間違いない。

だから、どんな学問も、システム論を理想にしている。ただ残念ながら、「すべての要因の相互連関」を分析するうまい工夫がなかなか見つからないので、システム論になれないでいるのが実情なのだ。

では経済学では、なぜひと足先にシステム論が成功したか？

経済学の扱う市場は、非常にうまい構造をそなえている。まず「価格」という実数値の変数（鍵変数）があり、経済主体の行動も市場の状態も、数学的に表現できること。つぎに市場が、「凸構造」という数学的構造をそなえていること。この構造のおかげで、価格メカニズムが自動的に均衡に収束していく。つまり、一人ひとりが自分の経済的利害だけを追求しても、市場全体としてはそれで均衡し、最適の状態が実現するという定理が証明できる。こうした利点のおかげで経済学は、あらゆる要因の相互連関を考慮に入れたシステム論のロジックで、市場の成功を論証することができた。

この経済学の成功から、社会学もそのほかの社会科学も、大きなインパクトを受けた。そして、システムの考え方を中心に社会科学を再構成しようという動きが生まれたのである。

ここでは、その動きを社会学で代表する人物として、タルコット・パーソンズというアメリカの社会学者に注目するべきだろう。

†パーソンズは、人間社会も冷蔵庫と同じと考えた

パーソンズが影響を受けたのは、同時代の経済学者ではなく、彼よりちょっと前の世代の経済学者V・パレートである。パレートの時代の経済学は、モデルが素朴で数学化が充分ではなかったが、システム論のロジックを学ぶのにはさしつかえなかった。

パーソンズは、経済学以外にも、同時代のさまざまな学問——マリノフスキーの人類学

や、心理学の小集団研究、社会学の先達であるデュルケムやウェーバー——からも、多くのヒントを受けとっている。こうしたいろいろなアイデアを「総合」して、パーソンズは彼独自の社会システム論を練り上げていった。

彼のアイデアの要点は、システムだけでは社会を説明できないと考え、そのほかに「機能」という要因を付け加えたことである。機能（英語ではfunction）と言われても、何だかよくわからないかもしれないが、「目的」みたいなものだと考えるとよいと思う。

社会現象は、機能によって分析できる。社会をこしらえているシステムには、必ずなんらかの目的みたいなものがそなわっている。——こう、パーソンズは主張する。

彼は何でもシステムだと考える。たとえば、個々の人間。個々人の目的は、生き延びること、幸せになることである。つぎに、社会集団。集団にも集団の目的がある。株式会社なら、利潤を上げて成長すること。家族なら、子供を産み育てて安全と幸福を保証すること。つぎに、全体社会。全体社会にも同様に、社会の維持・存続・発展という目的がそなわっている、とする。このように、機能を鍵変数として社会システムを分析できるとする点が、彼のシステム論の最大の特徴だった。

彼は以上のアイデアを、構造－機能分析（Structural-Functional Analysis）というひとつの理論にまとめ上げた。この議論は、システム論を社会学に導入する当時もっとも進んだ試みだったので、アメリカはもちろんのこと、日本を含む世界中で大きな影響力を持ち、現代社会学を代表する論潮として、各国の戦後社会学をリードした。

システムと、機能。このふたつの組合せによって現象を記述したり、説明したりする考え方は、サイバネティクスとよく似ている。サイバネティクスは、制御理論ともいい、対象をシステムとして捉えたうえで、そこに目標関数を設定するものである。たとえば冷蔵庫なら冷蔵庫は、さまざまな部品からなるシステムだが、そこに目標関数として、摂氏5度などという設定温度がある。扉を開けて温度が上がったり、逆に冷えすぎたりすると、機械が自動的に庫中の温度を摂氏5度に調節する。この仕組（サイバネティック・プロセス）が、冷蔵庫だ。サイバネティクスは、万事をこのように考えていく。

摂氏5度になるように設計された因果連関が冷蔵庫の「システム」、設定温度の摂氏5度になることが冷蔵庫の「機能」である。構造-機能分析でもって、冷蔵庫を分析すると、そう言える。

パーソンズは人間社会も、冷蔵庫と同じであると考えた。組織や集団にも、全体社会にも、「機能」という名の目標がそなわっており、それが実現できるようにいろいろな要因が組み合わさっている――ひと口で述べるなら、これがパーソンズのアイデアである。

†パーソンズの「構造‐機能分析」はなぜ嫌われたのか？

彼のアイデアには、ふたつの問題点があると思う。

まず彼は、①全体社会も、その要素である集団や個人も、残らずシステムだと考えた（これをとりあえず、「汎システム観」と呼んでおく）。さらに、②それらのシステムの機能のあり方が、法則化できるとした。具体的には、ＡＧＩＬ図式というものを考え、それが人間や集団、全体社会を分析する共通枠組みになるとした。

この①と②は、よく考えてみると、本来のシステム論から少々逸脱している。

まず、全体社会がシステムであれば、集団や個人はその要素でなければならない。それらもまたシステムであると言うのなら、さらにその要素がなければいけない。システムの間にこうしたヒエラルキー（階層的な秩序）があるのだとすると、その頂点に位置するシステムと、中間や底辺に位置するシステム（サブシステム）とでは、システムの性質が異なってくるはずだ。しかしパーソンズは、それらを同型のシステムだと考える。ここ（汎システム観）に無理があるというのが、①の問題点。

つぎに、ひとつのシステムに、機能をいくつも想定している点。サイバネティクスの制御がうまくいくのは、目標設定がひとつだからである。サイバネティクスとよく似た論理構成の経済学がうまくいったのも、目標関数（効用関数）がひとりにひとつしかなかったからだ。パーソンズのようなやり方で、機能のあり方を法則化する（社会システムには、A、G、I、Lの四つの機能がある、みたいに考えてしまう）と、理論の中に矛盾を生じてしまう（ダブル・オプティマリティ）。これが②の問題点。

こうした問題をかかえていたため、パーソンズの構造‐機能分析は結局、〝誰でも使いこなせる社会学の標準理論〟にはならなかった。

しかし、こういうややこしい話以前に、パーソンズのアイデアが多くの社会学者や学生たちにどう受け取られたかというと、これはサイバネティクスの焼直しではないか、という反発だった。

サイバネティクスは、ものごとをコントロール（制御）するための学問である。ある平均値を想定し、そこに社会を誘導しようとする。そこからちょっとでも外れた者は、みんなルール違反者、例外的な逸脱者としての取り扱いを受けざるを得ない。個々人の多様性とか自由とか、生きる意味とかいったものは存在できない。これでは管理社会そのものではないか。社会をサイバネティクスのモデルでもって捉えるならば、それは人間を平均化し、規格化し、コントロールしようという管理の発想に通じる。こんなふうに受け取られてしまった。こうして、とにかくパーソンズは嫌いだ、という人が大量に生まれてしまったのである。

†パーソンズへの異議申し立ては、「意味学派」を生む

さて、システム論からどういうインパクトを受け取ったかという点で、経済学と社会学は、ちょうど正反対である。

経済学は、システム論と非常に接合がよく、システムの考え方でもって学問全体を作り変えてしまった。今日でも経済学は、システムの発想を理論の中心に据えている。

これに対して社会学の場合、システム論をそのままは受容できないので、機能の概念とペアにして受容をはかったわけだけれども、この機能の概念が、よく考えてみると、大昔の社会有機体説の流れをくむものだった。その分、機能の概念には、非科学的な要素がつきまとっている。いっぽう、システムの考え方は、社会学の中心に位置を占めることができなかった。

社会学のロジックを、システムの考え方でもって表現しきることに、パーソンズは成功しなかった。残念ながらパーソンズは、ジンメル、デュルケム、ウェーバーの切り開いた地点より先には進めなかった、と言えるだろう。もっとも、パーソンズ以上の試みをした人がほかにいるわけではないので、彼の名が学説史上に残っているわけだが。

こうして社会学はその後、経済学とはあべこべに、システム論と関係ない学派が乱立することになった。パーソンズが見落としたことがたくさんあるではないかという異議申し立てによって、吉田民人氏の言い方を借りると「意味学派のミニパラダイム」が、欧米でもわが国でも多数形成された。これが、一九七〇年代以降の状況である。そこに共通するのは、機能主義やシステム論の考え方で見落とされていた、人間一人ひとりの生きる意味と社会との落差に光を当てるという着眼である。

そういう落差は必ずあり、言われればなるほどと納得できる部分がある。

人間一人ひとりの生きる意味を考察のテーマにしている学問は、いっぱいある。人文系の学問はあらかた、そうと言ってもよい。それを社会学に引っ張ってきて、その観点から社会学を批判すれば、新しい社会学のでき上がりである。たとえば、現象学の用語や分析方法を社会学に持ち込めば、現象学的社会学。人類学の、参与観察法にヒントを得たエスノメソドロジー。記号の用法や人間の意味活動に焦点を当てれば、シンボリック・インタラクショニズム（象徴的相互作用論）。そのほかに、構造主義をヒントにした構造主義社会学だの、いろいろある。

これらの学派の特徴は、まず、単独ですべての社会学者を説得するだけの決定的な何かを持っているわけではないので、やたら数があるということ。それと関連するが、社会現象の全体を分析しきるだけのがっしりした論理構成を欠いていること。とにかく個人的な意味の体験から出発するので、その対極にある社会制度のあり方にアプローチできない。これではパーソンズのシステム論に、ほんとうの意味でとって代わるのは無理である。

ジンメル、デュルケム、ウェーバーがはじめて明らかにした、社会学のロジックとは何だったか。それは、ミクロ・マクロ問題――人間一人ひとりの行動や意味世界が、社会全体の制度の成り立ちとどうつながるかという問題――への、独自の切り口だった。このロジックのその先を、構造-機能分析は明らかにできなかったし、ミクロな側面に関心を集中する意味学派の人びとも、手がけられないでいる。これが社会学の現段階なのである。

だから、書かれてからもう百年ぐらい経っているけれども、ジンメル、デュルケム、ウェーバーらの古典が引き続き読まれ、新鮮さを保っているのは理由のあることなのだ。

†社会学は学問としてのメソッドを手に入れたか?

とは言え、最近の社会学の進歩はめざましい。一九世紀はもちろん、パーソンズの時代と比べても、桁違いである。とりわけ進歩したのは、方法(メソッド)の面だろう。

メソッドは、実証に欠かせないものである。

社会学は科学だから、データを集めてくる。そのデータを、いろいろに整理し、計算、処理を施して、結論を出す。この、データを処理して結論にもっていくまでのやり方がめちゃくちゃに進歩した。それを支えたのが、ひとつは統計学、もうひとつはコンピュータの発達である。このふたつによって、社会学者は大きな武器を手に入れたのだ。

データ処理には、ほぼ三つの段階がある。まず、データをどのようにして収集するかという段階。データと言ってしまえば、社会学者にとっては何でもデータである。社会を見わたしてもデータ、新聞を読んでもデータ、知合いから聞いた話もデータ。けれども、そうした行きあたりばったりの質的データではなく、もう少しちゃんとした研究をする場合には、社会調査のように現場に出かけて行ったり、世論調査のようにアンケートを配って回答してもらったり、独自の方法でデータを収集する。

社会学の場合、データを収集しただけでも社会的にインパクトを与えることがある。これは社会学という学問の特徴かもしれない。たとえばある調査で、家庭内暴力が十軒の家庭のうち三軒で起こっているとわかったとする。これまで百軒のうち一軒だと信じられていたとすると、これはショックである。このことを発見したこと自体が、大変な業績となるだろう。みんなが知らなかったデータを集めてくる。これが、すでに学問である。理論ではないけれども、高い評価が与えられる。

研究資金があって、コンピュータがあれば、そういう発見的な価値のあるデータを集めてきやすくなる。こうした面で社会学は、足腰がずいぶん強化された。

二番目に、データをただ眺めていてはわからないけれども、何かデータに加工を行なうと、そこに隠れていた情報が見つかるという段階。データ解析の段階がある。

データ解析の技法は、心理学や経済学とも共通するけれども、回帰分析とか因子分析とか分散分析とかいった多変量解析をよくやる。これにはいろいろな方法があるが、要するに数字の羅列にすぎないデータを変換して、そこから単純ないくつかの要因を取り出そうというものである。そうすると、たとえば所得の高い人ほど人生に対する満足感が高いとか、学歴の高さと満足度は関係がないとかいったことがわかってくる。

ここで役に立つのが、統計学や線型数学だが、それ以上に、コンピュータによるデータ処理がどうしても必要になる。昔だったらとてもできなかったようなデータ処理が、今なら大学生でもパソコンでできる時代だ。統計プログラムもパッケージ化されていて、誰でも簡単に使うことができる。

三番目に、データの解釈。質的データや、統計的な処理をほどこされた量的データを前に、いろいろな知識を駆使して、その社会学的な意味をエイヤッとひねり出す。これには並々ならぬ社会学者としての力量を必要とする。

じつは、データ処理のなかでもこの三番目のところが、いちばんインパクトを持つはずだが、残念なことにこの部分は数式化できないので、名人芸みたいなものにならざるを得ない。すると、学者によって言うことがまちまちになり、科学的な客観性という点に若干問題を生ずる。

それはともかく、以上のデータ処理の能力の面で、社会学はいちじるしく強化された。ただそのわりに、理論の面が立ち遅れている。

そこで、最近の社会学者の一般的な傾向として、あまり理論に関心を示さず、とりあえずデータを処理しながら、ある個別領域（家族なら家族、地域なら地域）に閉じこもる傾向がある。

これは、メソッドが発達したためもあろうが、社会学者の人数が増えたためもあろう。現在、社会学者は、日本中に三千人あまりもいる。これでは、コミュニケーションにも支障をきたす。それに、特徴を出さなければやっていけないので、百人ぐらいずつのグループに分かれることになる。○○社会学会というのがやたらたくさんあるのはそのせいだ。

理論とはちょっと違うけれども、データ解釈のやり方まで、いわば「パッケージ化」されているのも、最近の傾向だ。多義的に解釈できるデータを、どう解釈したらいいのか、いちいち考えていたら大変なので、でき合いのスタイルがあると便利である。それにのっとって、たくさんの論文が書かれている。ここ四、五年（九〇年代ごろ）の流行りで言えば、M・フーコーの「権力分析」にのっとるやり方、アナール学派の社会史を下敷きにするやり方、消費社会論の記号の「戯れ」を流用するやり方、フェミニズムの角度から男女差別で問題を一刀両断するやり方、N・ルーマンの自己組織性（オートポイエシス）を引き合いに出さないと気がすまない、などである。

これらは、パラダイムというよりスタイルだと思うけれども、社会の見方を個々人の責任で練り上げるのでなく、でき合いのフォーマットでもって簡単に論文を「生産」しているという印象のものが少なくない。これだと確実に論文は書けるけれども、さて、だから何なのかと思ってしまう。

このようなさまざまなスタイルが流通している背景には、パーソンズの構造‐機能分析の退潮、それにもうひとつ、それに並ぶ巨大な柱であったマルクス主義の退潮があるだろう。巨大なパラダイム、大きなスタイルが退潮していったあと、みんな困って、こうした選択をしているのだと思う。

社会学は、いちおう学問としての自己主張ができるだけのデータと方法を手に入れたけれども、自分が何をしたいのかという方向感覚を、少し見失っている——それが私の、現状診断だ。

†社会学はこれからどこへゆくのか?

社会学はこれから、どういう方向に進めばよいのだろうか?

社会について、きちんとものを考えていくことが、今ほど要求されている時代はない。社会学に対する期待も高まっている。私はそう思う。なぜそのように言えるのか。

ちょうど東西の冷戦が終わった。

東西の冷戦とは、経済体制、イデオロギーの対立でもあったが、じつは、自分たちの社会をどのように考えるかという、社会科学の構想の違いでもあった。

ソビエトなど社会主義諸国は、マルクス主義によって、自分たちの社会を構想した。マルクス主義は、社会科学の全体的で高度に組織的な体系である。それは、経済学を中核とし、哲学、歴史学、芸術理論から法学にもわたる、トータルなものの見方だ。レーニンが「社会学はよくない」と言ったので、社会学という名前こそついていないけれど、もちろんそこには、社会学に相当する学問もちゃんと含まれている。

こうしたマルクス主義に対して、アメリカをはじめとする西側諸国は何で対抗したかというと、さまざまな学問の共同戦線だった。まず経済学。これは当然、古典的な自由主義経済をベースにする近代経済学だった。それから、政治学は民主主義論。法学は、主権在民の原理から出発する法律学。さらに、社会の実証的な科学としての社会学。……。これらが協力し合い、補い合っていくというのが、自由主義陣営の知のシステムだったわけである。

このふたつが対立していたわけだが、いっぽうのマルクス主義が破綻して、潰れてしまった。西側の社会科学は勝利した。

社会学は、いちおう勝った側にいるわけだけれども、それは、社会学が頑張ったからではない。主として頑張ったのは、経済学である。社会学は、どさくさに紛れて、勝った側についていていたにすぎない。社会学は、マルクス主義に勝ったわけではないから、マルクス主義から学ぶべきことが、まだたくさんあるように思われる。

†社会学がカバーすべき領域とは何か？

社会学は、マルクス主義から何を学ぶべきか。それはまず、経済学、政治学などあらゆる社会科学が、緊密一体に結びついているという考え方だろう。

本来、社会科学は一体のものだ。しかし、最初に述べたように、政治学、経済学、法学などはそれぞれ研究の対象が違い、社会学といちおう別個のものになっている。それは、よく考えてみれば、政府や企業や裁判所が、それぞれ独立に動くからである。では、政府や企業や裁判所が独立に動くと決めたのは誰か。それは、最初に自由主義国家の社会制度をつくった人たちだ。「制度をつくる」ということも、社会の中で起こる事柄にちがいないから、そのこと自体を社会学的に考察することができる。政治学、経済学、法学や社会学が別々であるということも、一九世紀、二〇世紀の西側の社会体制の中での約束事にすぎない。そのことを、社会学はいつも念頭に置いておくべきなのだ。

政治学にどっぷり漬かっているかぎり、政治学では見えてこないことがいっぱいある。たとえば人権のシステムがいいと言うけれども、では在日外国人の扱いはどうするんだとか、選挙区はこうだけれども、一票の格差や地方自治はどうするのかとか、そのなかで議論しきれないことはたくさんある。それらは、社会学が指摘すべき問題である。

経済学に関しても状況は同じである。たとえば、家計があると言うけれども、では家計とは何なのか。男と女が結婚するのが家庭（家計）だと言うなら、では男と男が「結婚」したら、それは家庭なのか。これは、社会学の問題である。

法学なら法学は、たとえば、いろいろな人に権利や法的利益を認めているが、それは社会慣習によっている。社会慣習が時代とともに変わっていくならば、それを解明するのは社会学が分担すべき領域だということになるのである。

このように、制度化された社会科学は、いわば社会学の中に埋もれている。社会学と緊密に協力しなければ、ほんとうは機能しないはずなのである。

†社会学のゲリラ的な問題発見能力をフルに使え!

マルクス主義が倒れた今、経済・社会・法律などのシステムは、多様な新しい制度を自分で模索していくべき時期にさしかかっている。社会学の進むべき道は、政治学や経済学の真似をして、制度化された学問に収まることではなく、むしろ社会学持ち前のゲリラ的な問題発見能力をフルに使って、政治学や経済学や法学の領域にどんどん進出していき、それらの学問の制度の基礎にある社会的問題を掘り起こしていくことだと思う。

これまでの冷戦の時代に、そんなことはとてもできなかった。でも、今ならできる。それを私は、痛切に感じる。

かつて社会主義の側に立っていた国々でも、似たような事情にある。たとえば中国。中国は、マルクス主義、毛沢東思想を中核にするイデオロギー国家だった。しかし鄧小平が登場し、経済システムを政治システムと別個に動かそうというアイディアが生まれる。ここで、社会学の復活が必要になった。経済システムを自律的に動かそうと言っても、社会主義体制の副産物として、官僚主義やコネ(関係網)の横行など、さまざまな社会問題が山積している。それらを取り除き、市場経済を機能させるためには、問題の発見が必要となる。それにはやはり、社会学の力を借りなければならない。

こうしたわけで、社会学は今、旧社会主義圏で急速に復活しつつある。社会学に対する期待も高まっている。情報公開（グラスノスチ）の結果、自分たちの社会についてもっとよく知りたいという欲求も高まっている。

日本の場合、一見すると情報があふれかえっているようだけれども、ほんとうに知らなければならない情報は、多くがまだ埋もれたままである。そういう質の高い情報を与え、社会の進むべき指針を示すのが、社会学の役目だ。

†社会学は制度を変えられるか?

最後に、社会学への期待を込めて、もうすこし大きな視点でしめくくってみよう。

社会学は、社会の進歩とともに歩んできた学問で、たかだか一世紀あまりの歴史しかない。でき上がった学問というよりも、「ものの見方」とでも言うべきものである。

なにごとも、人間の行為の産物であり、人間の制度の帰結である。社会学の任務は、その制度が絶対のものでなく、変わりうるものだということを、常に主張していくことではないだろうか。そして、人間が生きていること、個々人の意味世界をベースにして、人間が生きにくいような制度は変えるべきだという抗議の声をあげるのが社会学ではないだろうか。

そこで、一九世紀から二〇世紀、やがて二一世紀になろうとするこの社会の変化を、長い目で見るべきだと思う。長い目で見たうえで、現在、いろいろ引きずっている過去の制度のしがらみに対して、(昔の言葉で言えば「批判」であるが)、それがいつ、誰の責任でこういう制度にでき上がってしまったのかをはっきりさせ、そのことを通じて、その制度が変わりうるための条件を明らかにしていく——社会学は、こうしたスタンスで問題を研究していくことだと言えるのではないだろうか。

こう考えるなら、社会学者の仕事は山のようにあることになる。例をあげれば、日本はアメリカなどからの外圧によって「構造協議」などをさせられているわけだけれども、ではその日本の構造とは何なのか。これはつきつめれば、社会学の問題である。

これは、国際化にともなう異文化間の摩擦のひとつの現れとも考えられる。ある社会ともうひとつの社会の「衝突」もまた、社会学的な問題である。冷戦以後の世界は、多角的で不安定な国際システムに急速に変貌しつつある。人類学など、いろいろな関連学問の協力を仰ぎながら、こうした現代世界をその根底から考えていくのが社会学なのである。

第2章
理論社会学

大澤真幸

†社会学に標準テキストがないのは、なぜか？

社会学というすでに確立した「知」が存在しているわけではありません。だから社会学という方法があって、それを学べば基本的なものを全部マスターしたことになるというイメージをもっているとすれば、それは誤りなのです。

たとえば社会学には教科書がありません。もちろん、書店には『社会学概論』や『社会学原理』などといった「社会学」と名のつくテキストは山ほどあります。そういう意味での教科書はありますが、たとえば経済学にはある「標準的なテキスト」と呼ばれるようなものは社会学にはありません。これは学問の性格に由来します。

なぜでしょうか。知的な営みには、常識の上に立つ方向性と常識の下に潜る方向性とふたつあると思うのです。どんな知的な営みにも二方向がともに伴いますが、たとえば法学や経済学の場合は、前者が中心で、常識的な知や世界観を前提にしたうえで、その上に立脚し、論理的に厳密化していく作業が中心となります。他方、社会学は常識に立脚する面もあるものの、常識の下に潜るという側面を強くもっています。つまり、常識的な知の自明性を問い、その基本的な前提そのものを常に破壊するというベクトルをもっているわけです。ですから、方法をハウツーもののように固定して確立しておくことが原理上できません。同様の性格でいちばん知られている営みは哲学です。誰々の哲学史、誰々の哲学というものはあるものの「標準的な哲学」などないのです。

社会学を特徴づけるものはすぐあとで述べるような主題です。その主題をめぐっていれば、どんな方法で接近してもかまいません。たとえば、一般にアルフレッド・シュッツは社会学者で、フッサールは哲学者に分類されていますが、こういう区別は恣意的なものにすぎず、ただ大学の制度にのっとっているだけです。主題設定から見れば、フッサールにしろ、ヴィトゲンシュタインにしろ社会学者です。逆に言えば、シュッツは哲学者でもあるわけです。

社会学を基本的に社会学たらしめているものは、主題です。その主題は、結論的には「社会秩序はいかにして可能か」という問いに集約できます。

ここでいう社会秩序とは、現在や過去に存在した現実的な社会秩序である場合もありますが、たとえば社会秩序を構想することもできますから、可能性としての社会秩序も含みます。さらに社会秩序を一般的に問題にすることもできるし、限定的に特殊化して問うこともできます。いずれにせよ、社会学という学問は、現実的であろうが、可能的であろうが、あるいは一般的であろうが、特殊的であろうが「社会秩序はいかにして可能か」という問いに照準しているわけです。

問いを一般的な水準に設定した場合には、次のように単純化できます。たとえば、社会を、主体としての個人を要素とする集合として成り立っているとイメージしたとします。しかし社会はどんな変動期にあろうとも、どんなにドラスティックな革命の時期であろうとも、固有の統一性を見せます。多元的な主体たちによって分権的に構成されていながら、しかも社会を外から操作する人がア・プリオリに存在しているわけでもないのに、全体としてはひとつの固有の統一性が得られる。これは、なぜなのか。

この社会秩序についての問いは、社会的に共有され、かつ共有されていること自体が社会的に共通に認知されているような規範がいかにして可能か、という問いに置き換えることもできます。そのような二つの条件を満たす規範のみが、社会秩序を可能なものにするからです。

1　社会学の必要性はどこにあるのか？

まず、われわれにとってどういう意味で社会学という知の在り方の必要性が出てくるか、について見ていきましょう。

社会学の入門者がまず気がつかなければいけないのは、「実践」「認識」がもっている社会的な被規定性です。つまり実践や認識の内容はもちろんのこと、その方法そのものの多くの部分が——一般に素朴に信じられているよりもはるかに多くの部分が——、特定の型の社会構造を背景にして、社会化・共同（主観）化されている、ということを前提として押さえていなければいけません。

ちょうど音声言語が、その言語を母語としている人としていない人では別様に分節されて聞こえるように、物理的には同じ刺激でも、その人がどのような社会構造・社会関係の内にあるかによってまったく異なったものとして現れます。たとえば食欲は、人間がそれぞれ特定の社会に属しているということから独立した、生理的な欲求だと信じられています。しかし、食欲の大部分は社会的に形成されたものです。構造人類学者レヴィ=ストロースは、ひとつの文化に属するさまざまな料理が、相互にシステマティックな差異・関係を保っており、その差異・関係のシステムのなかで規定された記号的・象徴的な意味を担っていることを示しています。つまり、人は食物の摂取を通じて、生理的な要求を満たすと同時に、文化的・社会的に規定された意味的欲望を充足させているのです。同じことは、性欲に関して、もっとはっきりと言うことができます。

†行為とは何か?

行為や意識の社会的な被規定性とは別に、行為が社会的なものとしてのみ成立しうるのだということ、つまり行為がまさに行為として成立するために「他者」の存在が不可欠の条件となっているのだ、ということを話しましょう。常識的に言えば行為には私的な行為と社会的な行為があり、そのうちの後者のみが、他者の存在を前提にしているということになります。しかし行為は、ひどく私的な営みに見えるものも含めてすべて、他者の存在を前提にしているのです。だから行為についての考察は、必然的に社会学とならざるを得ないのです。

では、行為とは、そもそも何でしょうか。行為（Action）とは、何らかの意味で規則、規範に従っているると解することができるパフォーマンスのすべてを指します。行為に、それが生起する情況に相関して、正しいもの（適合的なもの）／正しくないもの（非適合的なもの）という区別を与える情報を、規範あるいは規則と言います。逆に言うと、そういう解釈を許されないものは行為と呼びません。飛んできたボールに対して反射的に目をつぶってしまったといった生理的な反応は行為ではありません。私たちは、べつに規範的に正しいから（妥当だから）目をつぶるわけではありませんから。

行為を可能にする中核的な要素は規則、規範です。先に、「社会秩序がいかにして可能か」という問いは、規則、規範がいかにして可能かを問うことにつながっていくと説明しましたが、規則、規範の成り立ち方は社会学にとって中核的な問題になってきます。

規範・規則の特徴として、ここではふたつのことを押さえておきましょう。

まず、どんな規則も行為の無限集合を標的にしています。有限の集合を対象にする規則は、論理的に存在しません。規則は、行為の無限の可能性に対処できなくてはなりませんから。

もうひとつは、これは非常に自明ですが、どんな規則もその行為より先に決まっているということ、つまり行為に対してプライオリティ（先行性）をもっているということです。行為のあとに決まる規則など、規則ではあり得ません。ある行為が規則に従っていると言われるためには、規則はその行為よりも先に決まっていなければいけません。

†規則は行為を決定できない

どんな行為も規範・規則とセットになっているということから、「意味」への志向性を伴うことになります。行為が規範・規則に従うということは、その行為が、「正しい」とか「妥当だ」とかといった性格づけを伴っていることです。妥当な行為は、対象を自らにとって適合的なものとして認識し、志向します。その対象の適合的なあり方が、その対象の行為にとっての「意味」です。

ところで、社会学の基礎論にあたるようなことを結果的にやってしまった有名な哲学者にヴィトゲンシュタインがいますが、彼は規則に従うことについての有名なパラドクスを『哲学探究』という本の中で提出しています。原文を訳せば、〈規則は行為を決定できない。なぜならば、いかなる行為の仕方もその規則と一致させられるからだ〉となります。

先に述べたとおり、規則は正しい行為とそうではない行為、あるいは妥当な行為とそうではない行為とを区別できなければいけません。ところがヴィトゲンシュタインは、常識的にはそう映るかもしれないが、それは錯覚である、と言っているのです。つまり、ある規則を採ってきたとき、どんな行為も、その規則と一致していると言いくるめることができるというのです。そうなると、規則は正しい行為とそうでない行為とを区別できないことになる。それは規則が存在しないに等しいことになります。

†クリプキの「規則は存在しない」

ヴィトゲンシュタインのあとを受けて、アメリカの分析哲学者クリプキが非常に巧妙な方法でこのパラドクスを解説してみせました。

われわれにとって、算数や数学ほど規則に従っていることが自明である領域はありません。しかしクリプキは、その算数の領域でさえ、「規則」が存在しているということは疑わしい、と言うのです。

Aさんと Bさんが二人で足し算をやっているとします。「2＋1＝3」「5＋3＝8」というように意見が合い、今まで何百、何千の事例において二人の計算結果は一致してきたとします。お互い、同じ計算規則に従っているんだとつくづく思うわけです。

　話をわかりやすくするために、仮に生まれてはじめて、68以上の数字の足し算に二人が挑戦するとします。たとえば「68＋75」に挑戦したとします。Aは「143」と答え、一方Bは、何と「3」と言い出した、とします。Aは言います、今までのやり方に従えば、答えは「143」だと。たぶん、私たちはAを支持するでしょう。ところが、Bも同じように、いや今までのやり方に従えば「3」になるはずだ、と言うこともできるのです。

　Aさんの従っているのは、ふつうの人の加法の規則（x＋y）です。それに対してBさんが従っている規則は、Bさんの言い分を、Aさん――ということは私たち――の観点から翻訳すると、次のようなものに見えます。すなわち、その規則は、xとyが68より小さい範囲内にはふつうの加法をやり、そしてxとyのうちの少なくともどちらか一方が68以上のときはすべて3になるというものだ、と。Aさんのやり方を「プラス」、Bさんのやり方を「クワス」と呼んで区別しておきましょう。Bさんに言わせれば、二人がそれまで従ってきたのは「クワス」の規則であり、「3」こそが、これまでの計算と両立するのです。今、Aさんの（私たちの）観点から、「クワス」を定式化したので、その規則はとても不自然で複雑に感じられたでしょうが、Bさんの観点からは、「プラス」の方が不自然で複雑な規則に見えているはずです。

人生は有限ですから、二人が行なう計算の回数も、両者が合致する計算の回数も有限回です。Bさんのようなやり方を使えば、どんな奇抜な解答をもってきても、今までの有限個の事例と両立し、それゆえ今までと同じ規則に従っているのだ、と主張することができます。つまりいかなる解答の仕方も、加法の規則と合致させることができるわけです。もちろん、そうなれば、加法の規則は存在しないに等しくなります。これがヴィトゲンシュタインの言いたかったことです。

この「規則は行為を決定できない」もっと端的には「規則は存在しない」という言明は、われわれが信じ込んでいる常識に反します。この哲学的な結論と、われわれの経験的な直感、規則に従って行為しているという直感とを、どうやって両立させるか。ヴィトゲンシュタインはさらに考察を深めます。

†規則とは他者の存在によって媒介されて生ずる一種の錯覚である

規則と行為の関係をめぐる表現を、一般的に書くと「もしAがRという規則に従っているならば、Pという行為をする」という構造になっているわけです。しかしヴィトゲンシュタインやクリプキが示した結論は、実際に行なわれているのはこれの対偶だということです。すなわち「Pという行為をしないならば、AはRに従っていない」という構造です。

ふたつの言明は論理的にはまったく同じですが、解釈は非常に違ってきます。前者のように考えると、どうしてもAの心の中にRという規則が何らかの仕方で存在しており、それがPというやり方を指令する、という像になります。後者はぜんぜん違います。AがPを行なったとき、お前は規則Rに従っている、とA以外の人物、たとえばBが承認するのです。逆にAがPを行なわなかったとき、他者Bの否認を通じて、はじめてAは規則Rに従っていなかったことになるのです。

この結論の重要なところは、規則ということの現実性は、行為者の内面にあるわけではない、ということです。たとえば、加法という規則がわかっているという確信と、規則ということとは関係ありません。規則は、行為を承認したり拒絶したりする外部、つまり他者によって生ずる一種の「仮象」です。「規則」とか「行為」は、他者がいる世界の中でしか、有意味に存在することはできないわけです。

最初、私は、規則や規範ということを使って行為を定義しました。じつはこれは暫定的なものだったわけです。規則や規範というもののあり方をさらにつきつめていくと、それが他者の存在によって媒介されて生ずる一種の錯覚であることがわかります。行為が、つまり規則に従っているという事態が、他者に媒介されて生ずるということは、行為が、たとえどんなに個人的にやっているかに思われる場合でも、潜在的には必ず他者（の承認）に差し向けられているということ、つまり一種のコミュニケーションなのだということです。これが、行為の本源的な社会性ということです。

また、ヴィトゲンシュタインは、自分にしかわからない感覚を自分にしかわからない記号で書かれた「感覚日記」と呼ばれる事例を用いた思考実験によって、究極と思われる私的行為でさえ、じつは他者の存在を前提にしなければ成立しないということも示しています。これも、今まで述べたことと同じ結論になります。

さらに言えば、私自身はクリプキやヴィトゲンシュタインの結論も、まだ詰めが甘いと思っています。ヒントになることに少しだけ触れておきます。第一に、他者の承認が、いわば「行為」を構成するわけですが、その承認する他者は、任意の他者というわけではなく「権威」をもった他者でなくてはならないということです。第二に、たとえばロビンソン・クルーソーのような孤立した個人に関して、自分自身で、自分自身が「規則に従っている」ということをどうやって言いうるのか、ということを考えてみるといいのですが、自分自身が（自分自身の行為を承認する）他者として機能する場合もあるのではないか、ということです。前者は、権威を帯びることで隔絶したものとして現れる他者、つまり他者の「遠さ」ということに関する問題であり、後者は、自己において現れる他者、つまり他者の「近さ」ということに関する問題です。このようなアンビバレントな性格を満たす特殊な他者を、私は「第三者の審級」と呼んでいます。他者の性格づけも一筋縄にはいかないのです。

2　近代社会の自己意識の構造はどのように生まれたか？

次に社会学の誕生や発展そのものを社会学的に考えてみようと思います。結論的なことを先に言っておけば、社会学は近代社会がもつ自己意識なのだということです。

一般に学説史のうえで社会学の始まりを語るとき、オーギュスト・コントというフランスの学者の名をあげることが多いようです。これは、コントがソシオロジーという言葉を最初に使ったからです。「ソシオロジー」という言葉を発明したということが、そのまま社会学という学問の成立を意味すると考えるのは、安易な見解ですが、社会学の嚆矢がコントかどうかは別として、一九世紀に社会学の成立を求めるのが妥当だと思います。

†一九世紀の社会学――「個人／集合」という対立軸

今から見て明らかに社会（科）学的と言える認識をもった人たちが一九世紀に出てきます。コントとともにどうしても念頭におきたい人物の一人はカール・マルクスです。さらに遡れば、マルクスに先立ってヘーゲルが、コントに先立つ人としてサン＝シモンがいます。いずれも一九世紀の思想家、哲学者ですが、社会学という言葉を使ったかどうかは別として、こういう人たちが社会学といえるものを始めたと言っていいと思います。

どういう意味かというと、社会学の基本的な問いである「社会秩序はいかにして可能か」について、人間の本質や道徳についての独断的な仮定や実践的な関心などとは独立に問うことを始めたということです。*1

常識的に考えてマルクスは、ある実践的な関心をもとに共産主義社会や理想的な社会の建設を目指しましたが、マルクスが資本主義に関して行なった社会分析は、彼の道徳や実践的な関心とは独立して読むことができます。

とはいえ、当初の段階、すなわちコントやマルクスらの段階では、社会学的な主題である「社会秩序はいかにして可能か」という問いは潜在的なものにとどまっています。すなわち自分たちが問うている主題が、きちんと自覚されていません。そのため社会秩序が説明のための目標であると同時に、説明のための前提でもあるといった混乱もあります。

主題となる問いを最初に明示的に定式化したのは、――日本ではあまり読まれていないのですが――ジンメルです。これをさらに整った形式にまで仕立てたのが、タルコット・パーソンズというアメリカの社会学者です。

「社会学」という知の形式の成立を示す外的なメルクマールは、二点に集約できると思います。ひとつは、個人がもっている利害や関心と、集合体がもっている利害や関心は鋭く対立するものであり、必ずしも調和しないということについての先鋭な自覚が出てきているということです。もうひとつは、全体社会という対象がポジティヴなものとして存在していることが、基本的な前提になることです。全体社会というのは、相互に絡み合ったコミュニケーションの最大の到達範囲のことをいうわけですが、だいたいの経験的対応物は、ちょっと前までは「国家」だったのですが、今では「地球全体」としかいいようがないでしょう。たとえばアリストテレスのなかに都市国家はありますが、全体社会というコンセプトはありません。

ともあれ、一九世紀に産声をあげた社会学は、その後二〇世紀の初頭にかけての展開のなかで、ひとつの対立軸を、共通の規準として獲得するに至ったと思います。共通の規準とは、「個人／集合体」という対立（区別）です。この対立軸のなかで社会学的な考察を進めるようになっていきます。

✝ウェーバーの「方法論的個人主義」とデュルケムの「方法論的集合主義」

この対立軸のなかのどちらの項を、より基本的なものと見なし、どちらから議論を出発させるかによって社会学の理論は大きくふたつのタイプに分かれます。「個」と「集合体」のそれぞれの項を、学説史上もっとも有名なふたりの社会学者が代表します。それはマックス・ウェーバーとエミール・デュルケムです。ウェーバーとデュルケムは、それぞれドイツとフランスを代表するほぼ同時代の社会学者で、その後の社会学の展開は彼らが達成した業績に比べればずっと小さいと言っていいと思います。換言すれば、ウェーバーやデュルケムの提出した論点をくまなく読み取れば社会学の半分は終えたも同然です。

ウェーバーは、世界についての経験の究極的な座は個人であると考えています。彼は理論的な関心よりも資本主義やヨーロッパの運命についての歴史的な関心が先行しているため、実際の記述は単純ではありませんが、ウェーバーの議論が原理的には、個人を核にした社会についての説明になっていることは否めません。ウェーバーは、行為は究極的には個人の意味的な思念の内にあると見なしています。彼には「カリスマ」というコンセプトがあって、単純化すれば、カリスマの登場とその日常化を機軸に社会のダイナミズムを説明していこうとします。それは個人を起点においた社会現象の説明です。

逆の代表はデュルケムです。デュルケムの理論の特徴は、「社会的な事実」というアイデアです。「社会的な事実」としては、具体的には社会的な制度や集合的な意識、近似的には社会秩序そのものをイメージすればよいのですが、そういうものが個人の意識や選択には還元できない外的なものとして存在し、逆に個人を拘束していると考えたわけです。デュルケムには有名な『自殺論』[*2]という著書がありますが、この中で、きわめて個人的な問題と思われる自殺でさえ、じつはコミュニティの連帯の強度によって規定されているということを実証しています。コミュニティの連帯性が、社会的事実として、個人から独立して存在しており、自殺のような個人的選択を方向づけているというのです。

ウェーバー流の考え方とデュルケム流の考え方は、その後の社会学の展開のなかで整理され、精緻化されていきます。

社会学では、ウェーバー型の整備されたものを「方法論的な個人主義」と呼びます。「方法論的な個人主義」とは、個人についての性質、たとえば個人の選択や選好などの相互作用や総和として社会的現象は記述できるとする考え方です。方法論的な個人主義に立脚した典型的な社会科学は経済学です。

一方、デュルケム型の発展が「方法論的な集合主義」になります。それは個人の選択や意識などから独立した、社会的な水準で成り立っている事象を、それ以上還元できない前提として措定したうえで、社会現象を説明していきます。

しかし、それにしても、社会学が、一九世紀（以降の社会）に、つまり近代に生まれたのはなぜでしょうか？ この問いに答えることは、社会学を社会学的に考察する試みになります。ここでいう近代の典型的なイメージは、一九世紀以降の西洋社会です。

†近代を定義する主体性＝主観性

近代を定義する要素は、個人における主体性＝主観性（サブジェクティヴィティ）です。

それは、ふたつの条件で成り立っています。ひとつは個人主義、もうひとつは世界や環境を能動的に変えていくことができるとする能動主義です。個人主義と能動主義のふたつのセットで定義できる主体的個人の集合として、内部の支配的・理念的な関係を描くことができるような社会が、近代社会なのです。ある個人が主体的だというのは、その個人の身体のうえで起きている行為や認識などの任意の選択の作用――つまり選択の責任――を、その当の個人（の内面）に帰属させることができる、ということです。たとえば、犯罪に対する裁判において、被告人に対して精神鑑定が行なわれ、たとえば心神喪失と認定されたとき、被告には責任を問えないということがありますね。そのような場合、被告人は主体的な個人として認められていないことを意味します。

『現代思想入門』のような本の中に出てくる定番の思想家にミッシェル・フーコーがいます。彼の仕事は、学問の一つのジャンルに収めることができないほど広いのですが、社会学的な関心も非常に強かった人です。フーコーは主体性をつくりあげる社会的なメカニズムについて、独創的かつ徹底した考察を行なっています。

普通は「主体的である」ということは、誰にも「従属していない」ということです。ところが、フーコーによれば、逆説的なことに、主体とは、ある種の従属の形式なのだと言うのです。権力に対する特殊な従属を媒介にして、主体は成立するというわけです。ちなみに、subject（英語）、sujet（フランス語）という語には、主体という意味と臣下（従属）という意味のふたつがあります。

†主体を生み出す権力機構――フーコーの一望監視装置

主体を生み出す権力のあり方は、フーコーによると、一九世紀にベンサムという人が考えた一望監視装置によって、象徴的に表現されます（図1）。それは、監獄などに使われ

図1　一望監視施設

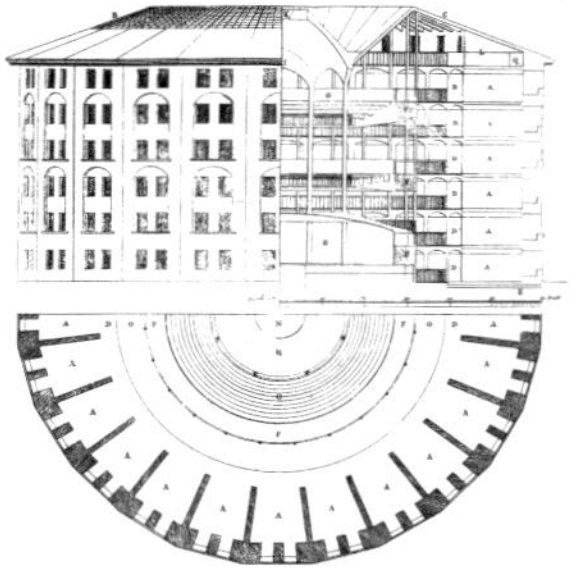

1. 監視人は，各独房にいるすべての囚人を視認できるが，囚人は監視人室が暗いため，監視人の存在を確認する手段がない．
2. 囚人は，可能性として常に監視人の管理下におかれるため，自らを律するようになる．
3. その意味で，見えざる支配者＝監視人は論理的に省略可能となる．

（図版出所：M．フーコー『監獄の誕生』新潮社）

る建築なのですが、上から見ると、区分けされた独房が円形または半円形に配置され、その円または半円の中心に監視者の部屋が置かれます。独房の内と外に窓があり、光の関係で監視者からは各独房が見渡せますが、監視者の部屋は暗いため囚人のほうからは監視者を視認できないようになっています。これが一望監視施設です。

フーコーによると、この建物は、独房において個人化されている囚人を主体化する仕掛けになっている。囚人は監視者に見られているかどうかわかりません。逆に言えば、常に見られている可能性があるわけです。この永続的な監視の可能性によって囚人は、やがて自分で自らを規律をするようになります。フーコーは、これと論理的に等価なことが社会全体で成立したときに、主体がつくられると言ったわけです。ある種の従属、支配を媒介にしてはじめて主体性の成立が可能になる、ということです。

誰が(何が)支配するのか? 一望監視装置の比喩が含意しているのは、それが、具体的には誰でもない、何物でもないということです。じつは、この建築は、監視者をまったく必要としていません。省略可能なのです。従属する側からは支配者を決して見ることができないように、技術的に工夫されています。もし監視者＝支配者が可視的な存在であれば、絶対に従属者の主体化は生じません。つまり主体化を促す支配者とは、見えざる支配者、抽象化されつくしている支配者です。

抽象的な支配者は、ヨーロッパの世界では、じつは神のような超越的な存在が変形したものです。十分に抽象化された支配が社会的に実効性をもちはじめた社会で、はじめて主体性が成立し、近代社会への移行が果たされるわけです。

社会学的に分析すれば、支配者というのは、独特な仕方でいわば「超越化」された「他者」です。先に「権威ある他者」（第三者の審級）の話をしましたが、抽象化された支配者は、その「権威ある他者」の一特殊ケースと見なすことができます。

超越的な支配者の抽象化は、ある種の社会的な普遍化のメカニズムを通じて生じます。超越的な支配者は、その支配下に従属する者たちを一般的に代表する機能をもっているわけですが、それが代表しうる他者たちの範域を拡張し、普遍化したとき、その反作用として抽象化されるのです。比喩的に言えば、超越的な支配者とは、数学の変数xのようなものです。変数xはいろいろな具体的な値を代入することができます。その代入可能なxの変域を極端に拡張したとき、支配者の抽象化が引き起こされるわけです。こうして、他者についての体験を普遍的に代表できるような存在が、抽象的な支配者として、個人を主体化するわけです。

†抽象的な支配者、ネーション（国民）の誕生

この普遍的な他者性とでも呼ぶべき抽象的な支配者を実体化したもの——ごく単純化して言ってしまえば——が、ネーション（国民）です。ネーションというものは、実は近代以前にはなかったものです。近代の重要な特徴はナショナリズムと個人主義が同時に出てきたことです。ナショナリズムは古代からあった観念だと思われがちですが、じっさいナショナリストはそのように説明するわけですが、これほど近代的な発明物はありません。

それ以前にはあり得なかったような大規模な共同体（ネーション）への同一化を伴うナショナリズムと、社会の個人への分解とは、一見まったく背反するものに見えますが、じつは相互に依存関係にあります。両者は対立しているかのようにイメージされがちですが、じっさいには、同じ時代に手を携えて出てきたものなのです。

個人の主体性によって近代は定義できます。しかし、個人の主体性は、必ずそのパートナーとして、ある普遍化された社会性の体験のようなものをもってしまうのです。その具体的な現れが、一九世紀におけるナショナリズムと個人主義の同時的な登場です。

†社会学はすぐれて近代的な営みである

社会学は、こういう社会的な条件の下で成立可能になります。社会学を可能にした契機はふたつあります。

第一に、社会を見る観察者が主体化されているということです。主体化というのは——これまでの話で暗示されていると思うけれども——、それ以前は外部に前提されていた超越的な視線を、個人に内化させることなのです。それは、自分の経験の領域全体を、経験に内在した具体的関心から独立して、客観化することを可能にする視線です。近代以前には、自分の経験の領域からのこのような徹底した退却は、不可能だったのです。社会学という営みを行なうには、人は政治的にも倫理的にも空虚になって、純粋な観察者として、社会を対象化できなければいけません。それが可能になったのは、近代のなかで主体が成立したことによるのです。

第二に、「個人／集合体」という対立軸が現実性を獲得することです。近代社会は、どうしても、一方の極に個人としての主体性を、他方の極に、それを支えている普遍化された社会性（＝ネーション）を、析出してしまいます。「個人／集合体」「個人主義／集合主義」という社会学的な対立軸は、社会のこのような二極化に規定された観念です。先に「全体社会」という対象を獲得することが社会学の成立のメルクマールになると述べましたが、この理論的概念に具体的なイメージを提供したのがネーションです。

このように社会学は、それ自身、すぐれて近代的な営みです。それは、近代が、それ自身を反省しようとする作用なのだと言うことができます。

3　社会学理論の困難な問題とは何か?

さきに述べたとおり、社会学の基本的な主題を「社会秩序はいかにして可能か」という問いに集約させることができます。この問題の処理の仕方やそれをめぐって生ずる理論的な対立などを整理すると、社会学の理論の基本的な地図が描けます。

この問題は、一九世紀に潜在的には始まっていますが、明確に定義したのはジンメルであり、さらにはっきりさせたのは一九三〇年代の終わりから七〇年代にかけてアメリカで活躍したパーソンズという社会学者です。

†「ホッブズ問題」をどう解決するか

ホッブズという一七世紀の思想家がいますが、パーソンズは「社会秩序はいかにして可能か」という問題を、ホッブズの名を借りて「ホッブズ問題」と呼びました。ホッブズは、個人が自己保存のためだけに行動しうる自然状態においては、万人に対する万人の闘争が生じてしまうということ、その状態は、各人が自然権を主権者に委譲し、従属するという社会契約によって解消されるということ、を主張した人です。それになぞらえて、個人には主体的な（主意主義的な）選択の自由があって、完全に自分の利益だけを追求することができるにもかかわらず——つまり利害の不一致から対立闘争が帰結するはずなのに——社会秩序が成立するのはなぜかという問いが、ホッブズ問題です。

パーソンズは、これを解決することが社会学の根本問題だと考え、また、実際にそれに解決を与えたと考えました。しかしその解決はお粗末なもので、決して真の解決とは言いがたいものでした。彼は次のように結論したのです。すなわちどうして諸個人が集合したときに秩序が成立するのは、そこには、個人の間に共通の価値に対する同調があるのだ、と説明したのです。つまり共通の価値への指向によって、社会秩序を説明したわけです。

しかし、この説明は明らかに論点先取です。つまり「社会秩序はいかにして可能か」と問いを立てているときに、共通の価値基準への同調（共通の規範への同調）によって説明するわけにはいかない。なぜなら、そもそも共通な価値基準（規範）がどうやって成立するか、が問題なのですから。要するにパーソンズの理論は、結論をあらかじめ前提に入れてその結論を導くという構造になっているわけです。

しかし、この論理展開を笑ってばかりはいられない。類似の循環に、社会学者は長く悩まされるのですから。

†社会学理論の共通の困難——「循環の構図」とは？

記憶に値する、現存の日本の社会学者に真木悠介[*3]（見田宗介《むねすけ》）がいます。彼は七〇年代の後半に『現代社会の存立構造』（筑摩書房→朝日出版）というコンパクトな本を出しています。この中には明示的にはホッブズ問題への言及はありませんが、マルクスの枠組みに独特な解釈を与えながら「社会秩序はいかにして可能か」という問題について、ひとつの独創的な解答を提出しようとしています。マルクスの資本論をベースに論を進めている関係で、具体的には貨幣のような一般的な価値形態がいかにして成立するかという問いを中核においた近代社会論のかたちになっていますが、内容の実質からすれば、社会秩序の問題へのひとつの解決法と見ることもできるのです。

前提として、まず諸個人がそれぞれ独立し、分散し、分権的に活動している状態を考えます。たとえばAさんはおコメを作り、Bさんは鞄を作り、Cさんはゲタを作り、といった状態です。このような状態を、真木は集合態（ゲゼルシャフト）と呼んでいます。こういうときに、いかにして全体を支配する貨幣のような一般的な等価形態が出てくるか、について問題にしているわけです。

諸個人が分散している集合態においては、互いの間に直接の共同性がないので、諸個人の行為をつなぐ媒介が、つまりそれぞれの成果を交換するための媒介が必要になってきます。さしあたって媒介は道具的な対象にすぎませんが、それが、諸個人間の任意の関係（交換）を可能にする普遍的な媒介として成立した場合には、つまり、それによって誰との関係をもつくることができるようになった場合には、まるでそれ自身が内在的な価値をもっていて他の諸対象や諸活動を普遍的に価値づけることができるかのように見えてきます。具体的に言えば、それは貨幣のイメージです。貨幣は、単なる交換の媒介ですが、それ自身が至高の価値をもつものとして、われわれの活動の目標になってしまいます。もちろん、それは、貨幣さえあれば、他の何物も手に入るからです。つまり媒介が、媒介としての普遍性のゆえに、主体化し、他の諸物に価値を与える普遍的な価値として成立する（物神化）というわけです。これと構造的に同じ事態が、経済形態の水準だけではなく、組織形態、意識形態の水準でも生ずる、というのが真木の論点です。

真木のこの理論は、社会的に共有された一般的な価値（規範）が成立するメカニズムを説明しようとしているわけです。一般的な価値対象を成立させるのは、真木によれば、その対象の媒介としての普遍性でした。しかし、何物かが普遍的な媒介として社会的に承認されているとき、すでに社会的な規範が成立しているのです。だから、結論を導く前提になっている媒介としての普遍性が、そもそもいかにして可能だったのかを解明しなくてはならなかったはずです。

社会的な規範を説明しているにもかかわらず、その規範が前提に入り込んでしまうというこの「循環の構図」は、パーソンズだけではなく、真木悠介の議論にもつきまとっています。実のところ、これは、社会学理論の共通の困難を代表しているのです。

目下問題になっている「循環の構図」とは、次のようなものです。すなわち、個人とその関係から社会秩序を説明しようとしているわけですが、じつは、始発点の個人とその関係の内に、はじめから、密かにしかし直接に社会秩序が――あるいはその等価物が――書き込まれている、ということです。一九六〇年代から七〇年代あたりの社会学理論のふたつの基本的な流れは、まさにその循環に規定されて生じた分極化だと理解することができます。

†機能主義の限界

一九六〇年代から七〇年代にかけての、社会学理論の主流は、「機能主義」です。とりわけパーソンズなどを中心に自覚的に整備された機能主義の社会理論を、「構造‐機能理論」と呼びます。これは日本の社会学者にもそうとうに大きな影響があり、日本でも独自な発展が遂げられました。

機能主義的社会理論というと堅苦しい印象ですが、ごく単純化すれば、社会についての目的論的な説明です。つまり、社会システムがいわば目的をもっていると考え、それとの関係で社会現象を説明していくものです。「Q：なぜ学校という制度があるのか？　A：それは社会を統合するためです」とか「Q：なぜ法律があるのか？　A：逸脱者を統制するためです」という言い方も、素朴で、しかも部分的なものですが、すでに機能主義的な説明になっています。一般的には、機能的要件などと呼ばれる社会の「目的」（ふつうはいくつもある）への貢献（有用性）によって、社会構造や社会過程を説明します。

こういう説明形式をとると「循環の構図」から、いちおう一時的に逃れることができます。なぜかというと、社会秩序をよりミクロな水準（とりわけ個人）から説明するという問題設定を放棄し、それを、はじめから社会的な水準に設定されている社会の「目的」との相関から導き出そうとするからです。つまり、「循環の構図」を構成するふたつの項のうち、社会秩序のほうに主として焦点を合わせるのが機能主義の特徴だと、単純化してしまえば言うことができます。

社会秩序が変動する原因は、一般に「個人」の側（たとえば諸個人の支配的な秩序への反抗運動）にあると考えられていますから――少なくとも「循環の構図」を前提にした場合にはそう考えるよりほかにありませんから――機能主義では、社会変動が的確に説明できないことになります。このような批判に対しては、機能主義側でもいろいろと対応し、さまざまな洗練が施されたのですが、この社会変動の問題を含め、やがて機能主義にさまざまな難点があることもわかってきました。こうして、機能主義は厳しい批判に晒されることになります。

†現象学的社会学の限界

機能主義への対抗的なトレンドとしての意義を担ったのが、現象学的社会学（アルフレッド・シュッツ、ピーター・バーガー）、象徴的相互作用論（ミード、ブルーマー）、エスノメソドロジー（ガーフィンケル、会話分析派）などの社会理論でした。これらの細かい相違については論じません。そこには、しかし、共通のアイデアがあります。個人の、対象や世界に対する、主体的（意識的）な意味付与の活動によって、社会的な現実性が成立するというアイデアです。ですからこれらの理論は、「循環の構図」のなかで、機能主義とは逆の側に焦点を合わせています。すなわち、「個人」の側にこんどは焦点があるわけです。

これらの「意味」に注目した理論は、個々の現象に即して、諸個人が相互作用を維持したり、誘導したりするときの戦略を繊細に記述することにはたいへん成功しましたが、一般的な理論としてはあまり成功しませんでした。社会の局所において生じている個人の意味付与の活動が、どのようにして総体的な社会秩序に接続されるのかという論理を提示できなかったからです。

私の考えでは、「意味」の概念に立脚したこの種の理論の実り豊かな部分は、彼らが登場したときにその意義として強調されていた事柄とは、まったく逆のところにこそあります。エスノメソドロジーやゴッフマンの分析が示してしまったことは、「意味」が主体の自覚的な意識に対して常に先行しているということであるように思います。

今、六〇年代から七〇年代、八〇年代初頭あたりまでの大きなふたつの潮流、つまり機能主義と意味を強調する学派について論じてきたわけですが、それらは、それぞれ、「循環の構図」の一方の極のほうに特化していたのだ、と結論的に要約することができます。

†「循環の構図」を解かなかった構造主義

このふたつにほんの少しばかり遅れて社会理論に大きな影響を与えたのが、構造主義と記号論です。それは、「循環の構図」を特殊な方法で処理する試みであると見ることもできます。構造主義においては、今し方、私が「意味」についての社会理論の「実り豊かな部分」と述べた事柄が、自覚的に追求されているということができます。

構造主義は、「意味」を参照する私たちの意識的な活動を、あらかじめ規定してしまうような「構造」を仮定し、社会現象を鮮やかに説明してみせます。構造というのは、ごく大雑把に言えば、「無意識の規範」です。母語を話す者にとっての、その母語の文法のようなものをイメージするとわかりやすいでしょう。私たちは母語（日本語）でしゃべるとき、その文法をまったく意識する必要がありませんが、結果としては文法に従っています。このように遂行において意識されることのない規範が「構造」です。

社会学の分野に最も大きな影響力があった、構造主義の理論家は、最初の方でもその名を出したレヴィ＝ストロースです。彼は、多くの無文字社会の親族体系や神話を横断的に比較することで、人間の思考と行為を支配する「構造」を取り出そうとしました。

構造主義の理論によれば、社会秩序は、自覚的な活動に先立つ規範の水準で担保されているわけです。しかし、これは社会秩序の問題の解決というよりは、単なる先送りであるとも言えます。

†ギデンズとブルデューの理論

二〇世紀末期以降の社会学の理論は、まったく群雄割拠の状況を呈しています。それより少し前の、つまり一九七〇年代くらいまでの、機能主義とその対抗理論というように、二、三本の線に全体の流れを整理してしまうことはできません。

社会秩序についての「循環の構図」は、その後の社会学の理論のなかでも、ほとんどまったく解かれていない、と言ってもよいでしょう。というより、この循環を、理論にとっての躓きの石と見るのではなく、逆にむしろさまざまな形式で、理論を構成する要石にしてしまう、というところに、二〇世紀末以降の先端的な社会理論の特徴があるように思います。つまり、循環は、社会秩序を説明することの挫折ではなく、説明のための積極的な契機として利用されてしまうわけです。いくつかごく簡単に紹介してみましょう。

イギリスのアンソニー・ギデンズは、構造主義のことなども念頭において、自分の理論を「構造化理論」と呼んでいます。ギデンズの言う「構造」というのは、私が「規範」と呼んできたものにほぼ相当します。「構造化」というのは、要するにあの「循環」のことです。それをよく示しているのが、彼の「構造の双対性」という概念です。それは、構造が、構造そのものによって組織された行動の所産になっているという関係のことです。

フランスのピエール・ブルデューも、ギデンズとよく似た理論を展開しています。彼の理論を構成する中核的な概念は、ハビトスとプラチックです。暴力的に単純化してしまえば、プラチックというのは個人の水準に属するような実践であり、ハビトスとは集合的な慣習や秩序です。しかし、彼は、プラチックにもハビトスにも、わざとアンビバレントな二重の意味をもたせています。つまりハビトスを語るときには、個人の行為の堆積としてできてくるという側面が強調され、逆にプラチックについて語るときには、集合的な秩序や慣習に媒介されているという面を強調します。こうして、個人と社会秩序のふたつの方向から、循環そのものを、理論の内に積極的に組み込んでしまうわけです。

†ハーバーマスのコミュニケーション論とは何か?

ドイツには、高水準の論争において互いに批判し合いながら理論構築を進めてきた、二人の偉大な社会学者がいます。ユルゲン・ハーバーマスとニクラス・ルーマンです。

ハーバーマスは、さしあたっては方法論的な個人主義に立脚した社会理論を構築していると言うことができます。しかし、彼のコミュニケーション論は、そう単純ではありません。ハーバーマスは、合理的な個人の間の一種の討議によって秩序を説明するわけですが、しかし、その談合は経験的な社会過程ではなく——少し専門的な哲学用語を使えば——超越論的な規準のようなものとして仮定されているのです。

もう少し説明します。現実の社会においては、すでにさまざまな規範や制度が流通しており、それによって秩序が維持されています。しかし、そのような規範や制度に疑義が生ずるということがあるわけです。規範や制度の妥当性が問題になっているわけですから、そのような規範や制度を前提にした通常の方法では解決がつきません。そのとき、合理的な討議の領域に入っていくわけです。

とはいっても、そのような討議の場が、国連総会のようなものとして現実に存在しているわけではなく、それは、いわば論理的に想定されるだけなのです。つまり、合理的な個人たちが、しかもいっさいの支配や抑圧のない場で話し合ったらどのように判断するのか、ということを想定してみて、そこから結論を得るわけです。ですから、それは、現実の制度や規範の妥当性を批判するための規準を与えるのです。

これは、個人の間の関係（談合）から社会秩序の根拠を説明しているのですが、しかし、その個人は経験的な存在ではなく、経験的な現場から身を引いた理想化された存在です。それは、経験的には内容をもたず、合理的と呼ばれるにふさわしいいくつかの要求を満たしています。したがって、それは個人でありながら、社会全体にとっての公正さを判断できるように、あらかじめ社会化された存在でもある。要するに、合理的な討議という設定のうちに、すでに個人と秩序を媒介するループが組み込まれていることになります。

†ルーマンの「オートポイエシス」と「合理的選択理論」

ルーマンの社会システム論は、表面的には、ハーバーマスとは逆に方法論的な集合主義に近いのですが、それも単純には片づきません。彼は、たとえば、社会システムやその部分システムにおける「オートポイエシス」ということを、理論の中核においています。それは、「循環」のルーマン流の洗練された表現です。

オートポイエシスとは「自己創出」などと訳されたりしています。もともと自己組織システムという発想がありましたが、ルーマンはそれをさらに徹底させました。自己組織システムというのは、自分自身を発生させたり、進化させたりするシステムです。それはシステムの全体の水準を問題にしているわけですが、オートポイエシス・システムというのは、システムの要素（行為）もまた、要素（行為）の間の関係を通じて、自己言及的に創出しているシステムです。それは、もともと生物学から出てきたアイデアです。

もうひとつ、二〇世紀末に影響力があったトレンドとしてあげておかなくてはならないのは、「合理的選択理論」と呼ばれる数学的に洗練された社会理論です。それは、さしあたっては、ものすごく徹底した方法論的個人主義だと言えます。個人の選好や選択に数学的な表現を与え、それらの間の集計や相互関係の帰結として、社会秩序を説明しようとするわけです。

この個人主義的な説明は、ネガティヴな仕方で、やはり「循環の構図」の還元不可能性を、結局は示しているように思います。というのも、今のところ合理的選択理論は、社会秩序を積極的に説明しようと試みる過程で、かえって個人についての仮定から社会秩序へと到達することの困難や不可能性を、より多く証明してきたからです。

4 近代の変容とともに

†近代の変容

近代社会は、いわば、自己意識をもつ社会であり、その自己意識の最も自覚的な表現が社会学である。このような趣旨のことを先に述べました。社会学は、近代社会という土壌から生まれてきたわけです。

ところで、二〇世紀の末期、一九八〇年代あたりから、その近代が大きく変容しつつある、ということが気づかれ、社会学の主要なトピックとなってまいりました。社会学が、自分自身を生み出した基盤そのものの変化を、自ら探究の対象としてきた、ということです。つまり、近代社会の内部に孕まれた大きな転換をどのように解釈し、また説明するのか、というのが、二〇世紀末期以来の社会学の中心的な話題であり、それは二一世紀を迎えた現在まで続いています。最後に、駆け足で、近代の変容を捉える現代社会論を紹介しておきましょう。

先に、近代社会においては、個人主義とナショナリズムとが車の両輪のようなものになっていた、と論じました。この両極の間の相互規定の関係が、大ざっぱに言えば、あの「循環構造」に対応しています。近代社会の変容は、この両極に現れます。

†ポストモダン論

変容した近代をどのように呼ぶかは、論者によって異なっていて、その呼び名は、各論者が変容のどの部分を本質的なものとみなしているかを反映しています。最もよく使われる語は、「ポストモダン」です。ポストモダンというと、「近代以降」という印象を与えますが、むしろ、「ポスト」という接頭辞のついた近代社会の後期的形態とみなすほうがよいと思います。

ポストモダンとは何かを、明確に定義したのは、フランスの哲学者ジャン・フランソワ・リオタールです。リオタールによれば、ポストモダンの条件は、「大きな物語」の喪失です。大きな物語というのは、歴史を理念や目的の実現過程とみなして、自分たちの現在を意味づけることです。近代においては、民主主義とか、自由とか、人間解放とか、民族独立とか、共産主義とかが、大きな物語の焦点となる理念や目的として機能していました。「大きな」物語というとき、それは、物語の内容が気宇壮大だということではなく、社会的に大きいということ、つまり、物語が社会的に広く共有されていた、ということです。物語の核となっていた、理念や目的が失われた時代、それがポストモダンです。

ポストモダンの段階の社会学的分析の多くは、情報化とか、消費とかに注目しています。そのような分析を試みた社会学者の代表は、ジャン・ボードリヤールでしょう。彼は、従来の社会学が、経済を「生産」を中心に見ていたのに変えて、消費、とりわけ記号的な消費に注目し、ポストモダンな社会を消費社会と呼びました。「記号的な消費」とは、あるブランドの流行のようなことを考えると最もわかりやすいわけですが、商品が、その使用価値によってではなく、他者との差異化に役立つ記号として欲望されることを指しています。

この種のポストモダン論の特徴は、個人の意味世界（リアリティ）が変容し、それにともなって、近代がかつて描いていたような個人の強い主体性が崩壊してきている、ということに注目していることです。ちなみに、私も、この流れの中で――主に日本の戦後社会の変容を念頭におきながら――理想の時代／虚構の時代／不可能性の時代という三段階を考えています。見田宗介が、現実を意味づけるときの原点となる「反現実」がどのようなモード（タイプ）か、ということで、時代区分をしているのですが、私の三段階は、それを継承したものです。この三段階では、理想の時代が、もともとの近代に、そして、虚構の時代と不可能性の時代がポストモダンに対応しています。

†国民国家から〈帝国〉へ

マルクス主義の潮流に属する社会学者たちも、近代の変容ということに対応した資本主義社会の分析を提起しています。そのような理論は実にたくさんあるのですが、その集大成的なものとしては、アントニオ・ネグリとマイケル・ハートの〈帝国〉という把握があります。

近代においては、グローバルな社会は、主権を有する国民国家の集合として捉えられてきました。しかし、今や、このような像は成り立たない、というのがネグリたちの診断です。つまり、古典的なナショナリズムの段階は終わった、というわけです。彼らは、現代社会を統治する新しい主権のあり方を、〈帝国〉と呼んでいるのです。

この〈帝国〉は、かつての中華帝国とかイスラーム帝国とかというときの帝国とも違いますし、またある時期マルクス・レーニン主義者がよく使った「帝国主義」とも違います。〈帝国〉というのは、グローバルな経済や文化の交換やネットワークを調整している複合的な主体のことで、特定の国家や機関と同一視することもできません。〈帝国〉と呼ばれるのは、このグローバルな社会を、ローマ帝国の比喩で考えるとわかりやすいからです。

この〈帝国〉に対して、地球上の至るところに、労働したりしなかったりしている、有象無象の群衆がいる。その群衆のことを、ネグリたちは「マルチチュード」と呼びます。要するに、近代後期の（国民国家の時代以降の）グローバルな社会は、「〈帝国〉対マルチチュード」という構図で捉えることができる、というわけです。

†リスク社会

もうひとつ、近代の変容に着目している現代社会論として重要なのは、リスク社会論です。「リスク社会」ということを最初に唱えたのは、ドイツの社会学者、ウルリヒ・ベックです。この概念を提起した、彼の『リスク社会』という本は、ちょうど、チェルノブイリの原発事故があった直後に、出版されたのです（一九八六年）。彼は、この事故が起きたあとに本を書いたわけではないのですが、原発事故こそ、リスク社会のリスク、「新しいリスク」の典型でもあったため、『リスク社会』はベストセラーになりました。学問的な概念と現実の出来事が完全にシンクロしていたわけです。

リスクと危険一般とは違います。リスクの特徴は、人間の選択ということと関係しています。リスクというのは、人間が何事かを選択したとき、それに伴って生じると認知された不確実な損害のことです。このようなリスクは、人間の主体性ということが社会の根本的な前提となった近代社会になってから生まれます。そして、リスク社会というのは、そのようなリスクの中でも、とくに新しいタイプのリスクによって特徴づけられる社会です。

新しいリスクとは何か。今あげた原発事故などはその典型ですが、それは、二つの顕著な特徴があります。第一に、その危惧されているリスクは、しばしば、きわめて大きく破壊的な結果をもたらす、ということです。温暖化による地球生態系の破壊などは、その例です。第二に、そのリスクが生じうる確率は、一般に、非常に低いとされているか、あるいは、計算不能である、ということです。このくらいの確率で、それが起きる、ということを確定的に言うことができないのです。まだ言及していない例を出せば、先進国の大都市での無差別テロのようなものも、新しいリスクのひとつです。

このような新しいリスクが登場してくるのは、後期近代である、というのがベックをはじめとするリスク社会論者の主張です。後期近代とポスト近代は、外延的には、ほぼ同じ時期を指しています。後期近代と呼んだ方が、近代の一部であるということが強調されます。

リスク社会の新しいリスクは、われわれのリアリティの感覚に大きな変化をもたらさざるをえません。なぜかというと、それは、「責任」(それは「自由」の観念とセットになっています)という観念を破壊するからです。個人の主体性ということをベースにしたとき、責任という観念が重要なことはすぐにわかるでしょう。人類は、リスクがある程度大きくなって、個人ではその責任を担ったり、補償したりできなくなったとき、保険というシステムを編み出しました。保険というのは、一人では担いきれない責任を、ある規模の人口をもつ集団によって担う、というアイデアです。しかし、新しいリスクに対しては、そのような意味での責任すら成り立ちません。たとえば、温暖化で、生態系に致命的な破壊がもたらされたとき、誰かがこの責任を負い、損害を補償できるか、と考えてみるとわかります。このように、リスク社会は、伝統的な近代社会の前提を切り崩しているのです。

†社会の社会

ベックやギデンズのように、リスク社会を重視する社会学者は、近代社会の「再帰性（リフレクシヴィティ）」ということを強調します。再帰性とは、次のようなことです。最初の方で述べたように、行為は規範やルールを前提にしています。近代社会では、規範への反省的（再帰的）態度が浸透している、というのがギデンズたちがいうことです。つまり、規範やルールを「変えることができる」という自覚を前提にして、規範やルールを不断にモニタリングし、修正や調整をほどこしていく。これが再帰性という現象です。

このような、社会システムに備わった、自己言及の構造にさらに徹底してこだわり、その含意を完全に余すことなく引き出したのが、前節でも名前を挙げた――社会システムをオートポイエシス・システムと捉えた――ルーマンです。この理論によれば、システムがとらえる「実在」は、それぞれのシステムに固有な「観察」の産物です。つまり、それは、生（なま）の客観的実在ではなく、システムの構築物です。たとえば、法システムは、人々の行為が違法か遵法かという観点で分節しますが、他の側面は無視します。このように、実在は、システムの観察に相関してしか現れない。これをラディカルな構成主義と呼びます。

ルーマンは、二〇世紀もほぼ終わろうとしている時期に亡くなりましたが、晩年まで旺盛に執筆をしていました。彼の最後の十年くらいの本の多くはとてもふしぎなタイトルをもっているのです。「社会のX」となっています。このXの位置に、「経済」とか「法」とか「芸術」とかが入ります。たとえば「社会の経済」は、社会学的な経済システムの理論ですが、なぜ「社会の」などと付いているのか。それは、Xの位置にあるものが、社会システムによる構成の所産であることを強調するためです。

そうすると、最終的にはどうなるか、というと、Xの位置に「社会」そのものが入るのです。『社会の社会』です。これは、ルーマンの集大成のような本で、普通に考えれば、社会システムの一般理論、つまり社会学そのものです。社会学という認識自体が、社会システムに内在している、という痛烈な自覚のもとにあるわけです。それは、社会システムに外在する超越的な「観察する主体」を断じて認めない、という意味でも、近代の黄昏に見合った学問になっています。

社会学は、近代とともに生まれ、近代の変容とともに変化しているのです。

第3章

都市社会学

若林幹夫

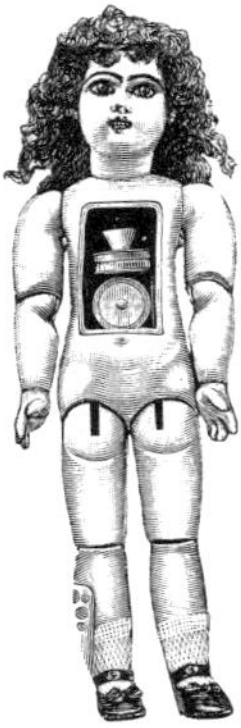

あらかじめお断わりしておきますが、この講義は都市社会学や都市論の概論ではありません。むろん、話の進行上、最初に一種の概論めいたこともお話ししますが、そこに今回の講義の主意があるのではありません。

今回の話はむしろ、概論よりもなお一歩前の話ということになります。単純に言えば、こういうことです。都市がなぜ社会学にとって問題になるのか。社会学が「社会」についての知であるとして、「都市」について考えることがそこでどんな意味をもっているのか。こうしたことを、社会学を中心として、これまでなされてきた都市をめぐるいくつかの探究を手がかりにして考えることが、今回の講義のテーマです。

したがって、実際に皆さんがさまざまな「都市の社会学」や「都市論」を読み、大学の講義を聴き、自分で都市について考えるときに役に立つ補助線の一本となれば、今回の「入門」の使命は果たされたことになるわけです。[*1]

1　都市社会学と都市論の風景──「シカゴ学派」と「新都市社会学派」

とはいえ、いきなり「都市社会学」とか「都市論」とか言っても、この領域に慣れていない皆さんには何のことかよくわからないでしょう。というわけで、都市社会学と都市論をめぐる現在の状況をごく簡単に紹介することから始めましょう。

「都市社会学」の正統な起源は、「シカゴ学派」と呼ばれるアメリカの社会学の一学派に求めることができます。ロバート・エズラ・パークやルイス・ワース、アーネスト・バージェスといった、当時のシカゴ大学の社会学者たちは、急速に都市化を進めていく一九一〇年代から二〇年代のシカゴを眼の前にして、「都市とは?」「社会とは?」と考えはじめました。[*2] 今日「都市社会学 urban sociology」と呼ばれる社会学の一分野は、シカゴを中心とする彼らの調査・研究によって初期の基礎が築かれたのです(ここで、彼らが「都市とは?」と問うと同時に「社会とは?」と問うていることは、あとになって重要な意味をもってくるので、よく覚えておいてください)。

シカゴ学派の都市社会学は、理論的には、「人間生態学《ヒューマンエコロジー》」と呼ばれる方法と、「アーバーニズム論」という理論の二点からおおよそ押さえることができます。

人間生態学は都市を、人間や人間集団の間の競争や淘汰といった生態学的な関係を通じて秩序が生成してゆく空間だと考え、この生態学的な空間の中で社会的な秩序がどのようにつくりあげられ、変容を起こしていくのかを、動物生態学や植物生態学をモデルとして分析しようという試みです。

パークによれば、社会には「文化的な社会」と「共生的《シンビオティック》な社会」というふたつの側面があります。文化的な社会では、コミュニケーションやコンセンサスに基づく制度や慣習が安定した秩序をつくりあげていますが、そのような文化的な社会の基層には、個人や集団間の競争や淘汰を原動力とする共生的な関係があって、この共生的な関係が社会のいわば「下部構造」をつくりあげているというわけです。私たちがふつう言う社会は、「社会的《ソサイエタル》」な関係に基づく文化的な社会であるわけですが、都市においてはむしろそれ以前の共生的な関係が社会関係を形成する主たる動因になっているのだとパークは言います。したがって、この共生的な関係に基づく都市内部の生態学的な諸過程を「人間生態学」として分析しようというわけです。[*3] このように人間生態学は、おなじエコロジーでも最近のエコロジーブームで言う「エコロジー」とはちょっと違うので注意してください。

もうひとつのアーバニズム論は、日本語では「都市的生活様式論」と訳されています。これはルイス・ワースによって唱えられた理論で、都市に固有の文化様式や生活様式、人間のメンタリティを、社会学的変数としての「都市」によって説明しようというものです。

アーバニズム論ではこの「都市」という変数を、大量・高密度・高異質的な人口を擁する集落と定義して、都市に顕著な人間の行動様式や文化様式——利己的行動とか、階級や民族集団《エスニック・グループ》＊4による棲み分けなど——を、この変数から導き出されるものとして説明しようとするわけです。これに対しては、アーバニズム論の都市の定義は社会学的な定義ではなく人口学的な定義ではないかとか、そんな変数から都市における人間の行動や思考の様式のすべてを説明できるわけがないといった批判があって、ワースのアーバニズム論は、今ではもう満身創痍という有様です（けれども、都市をこのような変数として捉えざるを得なかった「やむにやまれなさ」のなかに、シカゴ学派の都市社会学の可能性の中心があったというのも本当です。このことについては、あとでまた述べましょう）。

こうした批判はあるにしても、現在一般にいわれている都市社会学は、基本的にはシカゴ学派の人びとが始めた都市の調査・研究と、それに基づく理論から出ていると考えていいでしょう。そこでは都市的な地域における生活様式や生活構造、社会意識、文化等を、具体的な都市に即して実証的に調査・研究していくというのが主流です。

†カステル——シカゴ学派とは異なる「新しい都市社会学」の可能性

それに対して六〇年代の末から七〇年代以降に、都市社会学に対するマルクス主義の側からのアンチテーゼとして、「新都市社会学」と呼ばれる一派が出てきました。代表的な論者としては、マニュエル・カステルという社会学者がいます*5（余談ですが、カステルというのはカタルーニャ語で「城」という意味ですから、都市社会学をやるには非常にぴったりという感じの名前ですね。かつてのヨーロッパにおいて、都市というのは同時に城だったわけですから）。

カステルは、都市社会学を次のように批判します。シカゴ学派の都市社会学において「都市」と言っていたもの、あるいは「アーバニズム」と言っていたものは、じつは資本主義社会における文化様式であったり、生活様式であったりするわけで、それを「都市」という概念でくくるのは誤っている。彼らがそれを「都市」という言葉で表現するのは、資本主義社会における文化主義的なイデオロギーなのだ、と。

にもかかわらずカステルは、「都市」という看板を降ろさない。むしろシカゴ学派とは異なる「新しい都市社会学」の可能性を追求してゆきます。彼は、都市に固有の問題というのは、空間と社会との関係であると考える。なるほど、都市が社会の他のあり方と異なる点は、それが空間の社会的な生産や消費を伴う、伴うというよりも必須の要件とする社会であるということです。カステルは、資本主義社会の都市における空間の生産や消費の問題を、アルチュセール派の影響を受けたマルクス主義的な社会理論の枠組みの中から問題にしようとしたわけです[*6]（近・現代の都市とは、優れて資本主義的な活動の活発な空間であるわけですから）。そこでは、都市空間の社会的な生産や消費が、資本主義社会における経済、政治、文化の諸審級の下で重層的に決定されたものとして分析されます。したがってカステルの都市分析では、経済的な下部構造だけではなく、都市におけるシンボリズムの次元であるとか、政治的な権力の次元であるとか、政治的な権力とシンボルとはどう結びつくかといった議論にも、目配りがなされています。[*7]

カステルに代表されるこの「新都市社会学」は、日本においても一九八〇年代に当時の比較的若手の都市社会学者たちの間でかなりの影響力をもって受け止められ、資本主義の世界化と結びついた都市空間の再編成の問題などが、日本の「国際化」や東京の「世界都市化」との関係から調査・分析されています。

大まかに「都市社会学の風景」というと、シカゴ学派に源を発する狭い意味での「都市社会学」と、今述べた「新都市社会学」、このふたつでおおよそ押さえられるでしょう。日本における調査・研究の実態から見ると、これらの学派の理論を基礎に置いて、特定の都市を調査・分析するというスタイルの研究が、いわゆる都市社会学者の仕事の大勢を占めていると言ってよいでしょう。[*8]

これら都市社会学、新都市社会学の枠にはおさまりきらない都市に関する社会学的な議論で、重要なものがいくつかあります。いちばん重要なのは、マックス・ウェーバーの『都市の類型学』でしょう。これは大著『経済と社会』の一部に位置づけられている仕事です。私の考えでは、ウェーバーはそこで都市の本質について、社会学的にもっとも徹底した思考を展開しているのですが、狭義の都市社会学においては彼の仕事はほとんど影響力をもってきませんでした（『都市の類型学』については、あとに再び触れましょう）。都市社会学に影響を与えたという意味では、むしろゲオルク・ジンメルの短い社会学的エッセイ、「大都市と精神生活」があげられます。[*9] じつは、シカゴ学派のパークはドイツ留学中にジンメルの下で学んでいて、シカゴ学派の都市社会学の源流はジンメル社会学にあったというわけです。また、社会学と人類学の境界領域では、ロバート・レッドフィールド[*10]やギデオン・ショーバーグが、非近代社会の都市にまで視野を広げ、産業社会の都市と前産業社会の都市を比較したり、文化変容における都市の役割に注目して都市の類型を分類したりする比較都市社会学を試みています。私自身、これまで「都市の比較社会学」を研究の中心テーマにしてきましたから、これらの研究はウェーバーの仕事とともに、重要な先行研究ということになるでしょう。とりわけ、レッドフィールドの比較都市論は、文明論との関係でも注目に値する重要な研究です。

†都市論ブーム――記号論的都市論と社会史的都市論

さて、こうした伝統的な社会学の枠内での都市研究に対し、七〇年代後半から八〇年代にかけて、都市に対するもう少しソフトなアプローチとして、いわゆる「都市論」と呼ばれる仕事が数多くでてきました。八〇年代には、記号論やポストモダン論などと並んで、都市論のブームが起こったわけです。これらの都市論には、むろんいくつかの傾向があるわけですが、それらに共通していたのは、都市を機能性や有用性の体系としてでなく、象徴的な秩序や記号の戯れの空間として分析するという記号論的、テクスト論的な視点と、そのようにして見えてくる都市における記号のトポロジーやエコノミー、ポリティックスのなかに、社会の「近代性」には還元されない前近代的な歴史の堆積や、ポストモダン的な記号のポリティカル・エコノミーを見てゆこうという意志であったのだと思います。

これらの都市論は、社会学ではなくその隣接領域のなかからでてきたものが多かったように思います。都市空間のポストモダン化をめぐる議論では、チャールズ・ジェンクスのような建築家の議論や、実際の建築作品がリードしていったわけですし、都市を記号やテクストの体系として読むという方法に関しては、構造主義の人類学者レヴィ＝ストロース[*11]のボロロ・インディアンの村落の分析や、建築家ケヴィン・リンチ[*12]の都市のイメージ分析、文学者であるロラン・バルト[*13]のテクスト論的な都市論などが、理論的なモデルとなっていました。

日本においても、当時の都市論をリードしていった人びとは、磯崎新のような建築家や前田愛のような文学者でした。社会学の側でも、ゴッフマンのドラマトゥルギー論やボードリヤールの消費社会論の理論的知見と、これらの記号論的・テクスト論的な都市論とを架橋するかたちで都市の理論を探究する試みなどがなされたとはいえ[*14]、伝統的な都市社会学の側からの反応はいまひとつ鈍いものであったようです。

七〇年代後半から八〇年代の都市論の、もうひとつの新しい傾向としては、「都市の社会史」の隆盛が挙げられるでしょう。従来の歴史学とは異なり、必ずしも文献資料に残らない人びとの心性《マンタリテ》を、都市における祝祭や暴動などでの人びとの振舞や思考の中に探ってゆく試みが、日本にかぎらず、イギリス、フランス、アメリカなどで積極的に行なわれてゆきました。[*15] これらの論者たちのすべては、必ずしも「都市論」を指向していたわけではありませんが、彼らの業績が「都市」をめぐる議論に大きな刺激を与えたことは確かです。社会学のなかでも、こうした「社会史」的な方法を積極的に受け入れる人びとが現れており、社会史的な都市論は今後、社会学における都市研究の重要な方法のひとつとなってゆくことが見込まれます。

さらに、このような記号論的な都市論と社会史的な都市論とは、日本の場合、八〇年代のポストモダン論と合流して、独自の東京論や江戸論、さらには「江戸＝東京論」といった都市論の風土をつくりあげ、それがたとえば東京都が主導していた「東京フロンティア」といったプロジェクトや「江戸東京博物館」を支える一種の文化主義的イデオロギーとして機能してゆく面もあったのです（この点において、「都市」の観念が現代社会におけるイデオロギーであるとするカステルの批判は正しいわけですね）。

時代思潮として考えると、七〇年代後半から八〇年代の都市論のブームというのは、六〇年代から七〇年代前半にかけてのコミュニティ論や都市問題論といったハードな都市へのアプローチ——ベスト・セラーになった羽仁五郎の『都市の論理』[*16]のような——に対する文化論的な反動でもあったのではないかと思います。

2 都市が「社会」として発見される——「都市とは社会的実験室である」

先ほど都市社会学の正統な起源はシカゴ学派の都市研究にあるのだと述べました。実際、社会学の教科書を見ると、なるほどシカゴ学派が都市社会学の創始者だと書いてあるでしょう。また、現在の都市社会学から歴史を遡行的に見れば、確かにその起源の位置にはシカゴ学派の都市研究が存在しています。けれども、シカゴ学派の人びとは本当に「都市社会学」をつくりだそうとしたのでしょうか。

あるいは、次のように問うてもよいでしょう。シカゴ学派の社会学の「可能性の中心」は、都市社会学として専門化されていった社会学の一分野のなかに正しく受け継がれているのだろうか、と。

†パーク――都市という社会的実験室

たとえばシカゴ学派の創始者のひとりであったパーク。もともと新聞記者志望であったパークにとって、社会学者とは次のような人間だそうです。

「私がいちばん最初にいだいたイメージによると、社会学者とは『フォーチュン』誌に寄稿している人のような、一種の超一流記者であった。また、社会学者とは、私の友人のフォードが『大ニュース』と呼んだものを、平均よりも少しだけ正確に、少しだけ中立的なかたちで報告するはずのものだった。ちなみに『大ニュース』とは、単に表面上進行しているにすぎない事柄ではなく、むしろ実際に進行している事柄をうつし出す長期的な諸傾向のことである」(「自伝的ノート」町村敬志訳、町村・好井編訳『実験室としての都市』御茶の水書房所収)

ここから考えるに、パークの関心は第一に人間と、人間が生活する場所で起こる出来事にあったと言うことができるでしょう。パークには、「都市とは社会的実験室である」という有名な言葉があります。この言葉には、「都市社会学」というかたちで限定された問い、つまり「都市社会とは何か」というような問いよりも大きな、言葉を換えれば過剰な問いが込められています。なぜならそれは、「都市社会学の実験室」ではなく「社会的実験室」なのですから。

一般に自然科学は実験ができるが、社会科学は実験ができないと言いますが、パークはシカゴという都市の中に、社会学の実験室を発見したのです。したがって彼は都市社会学をしようとしたのではなくて、おそらく新聞記者が社会を記述していくように「社会」を記述しようとしたのです。そして、そうした社会が見えてくる場所として都市を発見したのでした。パークの人間生態学が、先に述べたように「都市の生成」ではなく「社会の生成」を扱う方法であったことも、このことから理解できるでしょう。

むろんこれはひじょうにアメリカ的な発見です。アメリカにおいては、近代の大都市以前に、中世や古代に由来する都市は存在しなかった（むろん、ネイティヴ・アメリカンの人びとが造った都市はありましたが、それらは文化的に破壊されて、とりわけ北米の場合には現代の都市との間の連続はほぼ完全に絶たれています）。アメリカの初期の社会は、小さな町や村のコミュニティをモデルとしていました。それが二〇世紀になって、そのようなコミュニティを超えたニューヨークやシカゴのような巨大な集落が姿を現してくるわけです。

アメリカ人にとってそれは、今まで知っていた社会とはまったく異なる社会が、「都市」という姿をとって立ち現れているという経験でした。アメリカの社会学者たちにとっては、それは、社会学的な知が対決すべき新しい社会、記述すべき新しい未知なる社会が、都市というかたちで現れてくることであったわけです。[*17]

今「未知なる社会」と言いましたが、私たちが現在「社会学」と呼ぶ知が成立したのは、一九世紀の近代化——これは、産業革命と市民革命を二大エポックとするでしょう——を経て、人びとが暮らす世界の秩序や成り立ちが、それまでの世界や秩序をめぐる知によっては充分に解釈できなくなったときでした。[*18] このような状況は、アメリカにおいてより以前に、すでに一九世紀のヨーロッパで生じていました。一九世紀のヨーロッパにおいてはそれは「近代《モダン》」というかたちで現れたわけです。けれども、そもそも「近代社会」としてスタートしたアメリカにおいては、新しい社会はそれとは異なるかたちで発見されることになりました。つまり、近代のある種の理念を体現していた初期のアメリカ社会に対する差異として、新しい社会が「都市」の中に発見されたわけです[*19](したがって、私たちはここに、モダンな社会というものの最初の変容のきざしを見て取らねばならないでしょう)。

†マクシム・デュ・カン――「都市が見えなくなったこと」の発見

ヨーロッパの場合には、ギリシャのポリスやローマ都市、そして一一世紀から一四世紀にかけて成立した中世都市の伝統がありました。パリやロンドンなどの大都市をも含んだ現在のヨーロッパの都市の中の圧倒的多数は、中世以前の時代に起源をもっています。この意味で、都市とはヨーロッパにおいては決して新しいものではない。むしろ、古いものであったわけです。都市の社会学が、豊かな都市的伝統をもったヨーロッパではなく、むしろ都市的伝統の希薄なアメリカにおいて生まれたという逆説は、このことと関係しています。

けれども、一九世紀から二〇世紀にかけてのヨーロッパにおける都市論的な言説を見てゆくと、じつはヨーロッパにおいてもこの時代に都市が「社会」として発見されていたことがわかります。

典型的な例というか凡庸な例として、マクシム・デュ・カン[*20]のことを挙げることができるでしょう。デュ・カンは、文学史的には「フローベールの才能のなかった友人」として記憶されている人物ですが、当時においては近代的な芸術の最前線をわたり歩いた男でした。たとえば彼は、『現代の歌』という詩集で蒸気機関車の詩を書き、近代的なテクノロジーと文学の合体を試みる。また、写真が発明されると写真機を背負ってエジプトまで、いやがるフローベールを引き連れて、写真を撮りに出かけてゆく。そのデュ・カンが最後にたどりついたもの、それが都市論でした。デュ・カンはパリをテーマにした膨大な六巻本の都市論を書き、それによってアカデミー・フランセーズの会員にもなっています。

蓮實重彦はデュ・カンのことを「凡庸な芸術家」と呼んでいますが、それは彼が常に、優れて近代的たろうとしたがゆえに、もっとも凡庸な存在に終始しつづけたからです。そのデュ・カンが自分の代表作として都市論をやってしまったということ自体が、近代において都市を語ることの非特権性と凡庸さを示しています。実際、デュ・カンの同時代にじつに多くの人間が都市について語っていくわけです(そしてこの限りで、私たちもまたデュ・カンの同時代人であるわけです)。

そこでなされた議論は、アメリカ、イギリス、フランス、ドイツなどで若干色彩を異にしています。都市を近代文明のもっとも優れた生産物であり、知的存在者としての人間がつくりだしたもののなかでももっとも優れたものであるとするポジティヴな視点が出てくる一方で、他方では、都市を産業社会が生み出した悪や不平等の空間、人間社会の悪がもっとも顕在化する空間として語るネガティヴな視点も現れる。いずれにしろ、文学者、行政官、社会改革家、医師などのさまざまな人びとによって、都市が語られ、思考されるべき問題として発見され、「都市が問題である」という言葉と実践が生産されてゆくのです。

ここで注目すべきことは、都市をすでに以前からもっていたヨーロッパという社会において、都市が「新しい問題」として浮き上がってきたということです。もちろんここには物質的な事情も作用しています。ヨーロッパの中世においては、都市は堅固な城壁に囲まれていて、都市的な領域は社会のごく一部に限定されてつくられていました。私が『熱い都市　冷たい都市』(弘文堂)で用いた用語を使うと、そこでは都市が冷たかった。ところが、近代の産業化や市民社会の成立のなかで、都市がそうした冷たい枠をとりはらわれて、それ自体がどこまでも伸び広がっていこうとする巨大な都市になっていく。都市の社会的な温度が上昇を始めるわけです。そうすると、今まで彼らが知っていた都市が見えなくなる。にもかかわらず、その見えない空間はやはり都市としか言えない空間である。それでは都市というのは何なのかということを、そのなかで人々が考えはじめていくわけです。要するに、都市が「発見された」というのは、じつは「都市が見えなくなったこと」

「都市が何だかよくわからなくなったこと」が発見されたということだったのです。[21]

†都市という空間に生み出される近代社会

都市というのは何なのかとヨーロッパの人びとが考え直していった過程というのは、近代の社会科学が社会、とりわけ近代社会というのは何なのだろうかということを思考しはじめる過程とパラレルでした。

先に述べたように、人は社会とは何なのかよくわからなくなったからこそ、それについて考えはじめる。つまり近代になって社会が見えなくなったわけです。今まであった秩序、王権と教権がトップに立ち、その下に身分的な集団が連鎖をなす秩序として成立していた社会が、市民革命や産業革命を経て見えなくなるわけです。そうすると、そうした社会を語り、記述する新しい思考と新しい文体が要請されて、そのなかで社会学という文体と思考が現れてくるわけです。そして、それとじつにパラレルな過程として都市を思考し、語る言説や実践が現れてくるのです。

実際、近代社会学の鍵概念《キー・コンセプト》である世俗化、合理化、階級、大衆といった概念は、もっぱら都市に現れた新しい社会状況を分析するなかで生まれてきました（むろんこのことは、村落や農村が「近代」ではなく「前近代」であるということを意味しません)。この意味で、近代の問題というのは優れて都市の中に見出されたわけです。したがってシカゴ学派がアメリカのシカゴという都市の中に発見したものは、ヨーロッパの社会学者たちが見ていたものがより純粋なかたちで、都市という空間の中に生み出されたものだったのだということができるでしょう。

3 都市はなぜ都市であるのか?——マックス・ウェーバーの『都市の類型学』

同じ時代に都市について、かなり大きな著作を残した社会学者に、先に述べたマックス・ウェーバーがいます。しかしウェーバーは『都市の類型学』で、近代の都市についてはほとんどと言っていいほど語っていません。これは一見奇妙なことです。

†ウェーバーによる「都市」の定義

『都市の類型学』におけるウェーバーの思考は、実際には、近代に照準されていました。

彼はそこで、近代的な意味での市民の先駆的な形態がなぜヨーロッパの中世都市に、しかもごく一部の都市においてのみオリジナルに発生したのかということをテーマとしています。ウェーバーの社会学を一貫するテーマは、近代社会というのはなぜオリジナルにヨーロッパ世界において成立したのかということでしたから、ここでも彼の視点は一貫しているわけです。

このように近代社会について語る意識をもちながら、ウェーバーは近代都市については語らない。そこには近代の都市を都市として語ることの困難というものが認識されていたのではないかと思います。この本のいちばん最初の言葉がたいへんな傑作で、およそ人の力を抜けさせるような言葉なのですが、こういうものです。

「『都市』の定義は、われわれはこれをきわめて種々さまざまの仕方で試みることができる。

すべての都市に共通していることは、ただ次の一事にすぎない。すなわち、都市というものは、ともかく一つの（少なくとも相対的に）まとまった定住——一つの「聚落」——であり、一つまたは数ヶの散在的住居ではないということのみである」（ウェーバー『都市

の類型学』世良晃志郎訳、創文社)

これはない、という感じですね。しかも、これだけではすまない。この後ウェーバーは、延々と都市とはああでもない、こうでもない、あるいはああでもあれば、こうでもあるという言葉を連ねてゆくわけです。たとえば、ある社会のある時代に「都市」と呼ばれている集落すべてに右に述べたような特徴が見出されるわけではないとか、一見すると村なのに法的には「都市」と呼ばれていたところがあるとか、そういうことを言い出すわけです。けれども、『都市の類型学』の最初の「都市の概念と種類」という部分で、ウェーバーは少なくとも三つ、ある種の都市の「定義」を示しています。

定義の第一は、都市とは住民相互間の人的な相識関係の欠けた巨大な集落であるということです。これは、シカゴ学派の社会学的=人口学的な定義と通底する定義ですね。もっとも、これだけでは都市が都市であるために充分な定義ではないし、そもそもどれくらいの大きさの定住においてこのような属性が生じるかということは、文化的・社会的な諸条件によって異なってくる、したがって大きさだけでは都市を定義することはできない。と、ウェーバーはすぐに言い出すわけですが……。

そこで彼は、次に都市を経済的に定義しようとします。経済的に定義すると、都市とは要するに市場がある集落である。もう少し厳密に言うと、市場における生産や消費を目的にしてものが生産されたり、売り買いされたりしている空間である、とウェーバーは言う。ウェーバーはここで、オイコス（Oikos）――領主が支配している村落共同体的な領域――に対する市場経済的な対として、都市を捉えようとします。都市においてはおよそあらゆるものが市場において売買されるために生産され流通するのだというわけです。これはかなり重要なポイントです。

もうひとつウェーバーが都市の定義として試みたのは、政治的・行政的な定義というものです。たとえば、中世以前においては東洋においても西洋においても、都市とは城壁をもった集落であった。ということは、これらの社会においては都市とは、ようするに一種の城砦であるということです。そしてこの城砦の内部は、その外側とは明確に区別された法が支配していることが多い。ヨーロッパの中世都市共同体というのは、その典型ですね。けれども、こういう標識は近代の都市には当てはまらないし、日本のような社会にはそもそもはじめから当てはまらない。ウェーバー自身も認めているように、「都市共同体」というかたちできつく定義すれば、このような指標はヨーロッパのごく一部の都市にしか当てはまらないわけです。先に述べたように、ウェーバー自身の関心は、近代的な市民の先駆がヨーロッパの都市共同体においてオリジナルに成立したのはなぜかということにあったので、ここから先、彼の議論はヨーロッパとアジアの都市の比較論に進んでゆきます。したがって、都市の政治的・行政的な定義というのは社会によって異なる、相対的なものだということになってしまうわけです。

†旧約聖書のバベルの物語に見る「都市」と「権力」

このようにウェーバーの議論は、都市の定義に関してもかなり摑みづらいものであるわけですが、都市の本質論という点から思い切って捉え直してみると、たぶんこういうことだと思うんです。

人的な相識関係がない集落だという指摘は、経済的な定義のところでいう市場的な関係の支配する空間ということと有意味に結びつく。マルクスの言うように、交換というのは共同体のつきるところで、共同体の外部における他者との関係として現れてくる。[*22] そこでは人は相互に他者として現れてくるわけです。さらに市場的な関係が社会の内部に浸透すれば、実際に顔を知っている人間であっても、ある関係の水準においては潜在的に他者として現れてきます。この限りで、市場定住としての都市に居住している人びとは、互いに顔を知った同士であっても、潜在的には互いに「他者」としての位相に立っているわけです。そうであるならば、都市とは、人びとが互いに他者として出会う共同体の外部の空間を内部とする社会、共同体の外部における社会的な諸関係が日常化した空間であるということになるでしょう（都市が存在するこのような位相を、私は「二次的定住」という言葉で捉えてきました[*23]）。

ではその話と、都市を行政体や政治体として理解する視点とはどのような関係にあるのでしょうか。とりわけ城壁をもっている集落として理解する視点とはどういう関係があるのでしょう。次のように考えられないでしょうか。つまり、城壁とは、人が互いに他者として出会うような空間を、社会の他の領域から区別された特別な空間として囲い込むものではなかったのか、と。その領域は、政治的・行政的な水準では、特別の法や自治体によって特異な質をもった社会として秩序づけられてゆくわけですが、そのような特別の領域を空間として区画する政治的・行政的な技術として、築城という土木工学的な営為が動員されていたというわけです。

ウェーバーの問題に再びたちかえっていくと、そうしたなかで近代的な市民的主体が、都市に固有の人間のあり方、主体のあり方としてつくりあげられていった。それを可能にするシステムとしてヨーロッパの都市はあった。したがって、そうしたシステムの都市と、東洋の都市やオリエントの都市を比較することによって、近代的なものの起源のひとつをヨーロッパの中世都市の中に求めることができる。このように考えてみると、じつはウェーバーの『都市の類型学』においても、都市はある種の社会学的な実験室として機能していたわけです。

さらに言えば、そうした空間というのはその社会に生活している人間たちにとってもひとつの実験室だったわけです。つまり、自分たちがそれまで慣れ親しんでいた社会、人間が土地や自然と直接的な交渉をもち、同じ空間を共有していることが同時に血縁的・地縁的な結合を意味しているような社会とは異なる場所で生きるということが、都市を生きるということなのです。

旧約聖書のバベルをめぐる物語は、都市のこのようなあり方を象徴的に物語っています。[*24] 旧約聖書においてバベルは、地上最初の権力者であるニムロデの建てた都市国家のひとつとして、最初に現れます。それは、史上最初の都市群が、地上最初の国家的な権力とともにあったことを示しています。権力の起源については、ここで詳細に述べることはできませんが、原初的な国家の成立以前に権力は、社会組織から分離されて特定の「権力者」や「政庁」に帰属するものではなく、社会そのもの（＝集団そのもの）の中に埋め込まれていたものと考えられます（このことについては、ピエール・クラストルの「国家に抗する社会」[*25]という論文を読んでみてください）。ところが、都市においては、そのような権力がひとりの人間や特定の集団に帰属する「力」、社会そのものから分離された「力」として現れてくるわけです。

有名なバベルの塔の話は、この都市で人びとが神に対抗して巨大な塔を建てはじめ、神の怒りに触れて互いに言葉を通じさせることができなくなってしまったという話でした。これは、都市ができることによって、言葉の違う人間たちが相互に交通する場所が現れたということの比喩的な表現として理解することができます。それ以前にも、言葉の通じない異なる部族の人びとの間の交通というものは、遠隔地間の交易などとしてあったはずですが、そうした人びとが同じ土地を共有して生きるようになった場所として、都市が現れてくるわけです。したがってここでは、ウェーバーが都市の経済的な定義で述べていたことととほぼ同じ、市場定住としての都市の成立ということが語られているということができるでしょう。

これまで経験したことのない力（＝権力）や関係（＝他者との日常的な接触）とともにある場所で、人間は新しい社会をつくらなければならない。そのとき、都市という社会は、これまでの社会がさまざまな規範や慣習によって秩序づけていた力や欲望が横溢する空間として現れると同時に、それらの力や欲望を、政治システムや経済システム、新しい宗教や文化によって秩序づけてゆく場所として現れてくるでしょう。それはつまり、そもそも他者であるはずの人びとが共同して――この共同という言葉に、ここでは協調的な関係だけでなく闘争的な関係をも含ませています――、新しい社会をつくってゆくということです。この意味で、有史以来人類にとって都市とは、常に社会を新しくつくりあげることの実験室だったと言えるわけです。

4　都市的問題の発生――冷たい都市と熱い都市

こうして見ると、シカゴ学派が都市について考えようとしたことと、ウェーバーの『都市の類型学』における問い、そして旧約聖書のバベルをめぐる物語とは、「都市」というテーマをめぐってじつは重なりあってくることがわかるでしょう。さらに言えば、都市空間を資本主義社会における空間の社会的生産と消費のダイナミックな運動の空間として理解する新都市社会学の視点も、そこに通底していることがわかるはずです。

シカゴ学派が新都市社会学に批判されたポイントのひとつに、都市を社会学の問題としてではなく、生態学や人口学の概念によって語ったことがありました。が、じつは彼らがそういう言葉によって都市を語らざるを得なかった「やむにやまれなさ」というものに、都市を社会の問題として思考することの核心があったということも、以上のことから理解できるはずです。それはパークが都市を実験室であると語ったこととも、密接に結びついています。

彼らが人口学的な概念や生態学的な隠喩で都市という社会を語らなければならなかったのはなぜかと言えば、彼らが眼の前にしていた都市シカゴの中では、パークが「文化的社会」と呼ぶような社会的《ソサイエタル》な秩序が見えなかったからです。

彼らにとって巨大化を続けてゆく都市シカゴは、文化的な社会のコンセンサスやコミュニケーションがあらかじめ見込み得ない空間であり、それゆえ個体間、集団間の生態学的な関係が、社会形成の主題として浮かび上がってくる場所であったわけです。そこから人間は新しく生態学的な関係をつくりあげていくだろうし、その上に新しい文化的な関係もつくりあげていくだろうということを、彼らは考える。そうするとシカゴ学派が生態学という一種の比喩で語ろうとしていたのは、じつは都市においては社会が社会であることが自明ではなくなるということだったのではないか。彼らはそこで「都市」について考えようとしたのではなく、そもそもは「社会」について考えようとしていたのではないでしょうか。

シカゴ学派は、一見近代都市に固有の問題を扱っているように見えるし、実際にアメリカという社会の中で近代都市が見事に立ち上がっていくなかで、「新しい社会」を社会学的に扱う手法として、シカゴ学派の都市社会学は形成されていったわけです。が、そこで思考されていたものは、むしろあらゆる都市に普遍的な問題であり、さらに言えば社会が社会であることをめぐる普遍的な問題であったのではないかというのが、私の理解です。

†都市の可能なかたちとさまざまな都市的現実

私自身はこれまで、都市の比較社会学を中心として仕事をしてきました。人間の社会に都市があるというのはどういうことなのかということを、古代的な王権の王都や遠隔地交易の中継地の都市、日本の古代や中世の都市、ヨーロッパの中世都市、さらには近代、現代都市までをいわば通覧するかたちで考えてきたわけです。そうした一見シカゴ学派の都市社会学とは違う方向からやってきた仕事の中で浮かび上がってきたことも、結局、都市とは「社会が社会であること」が浮上してくる場所なのだということです。

先にも触れましたが、私はそれを「二次的定住」という概念で捉えてきました。ひじょうに単純に言うと、「二次的定住」というのは、ともかく社会の他の領域（＝一次的領域）――村落共同体でも、国家でも、他の都市でもよいのです――相互間の社会的な交通の場が、交通空間としての性能を維持したままでひとつの定住になっていくときに現れる社会です。どのような経緯で成立しようと、ともかくも都市とは、社会の他の領域に対する二次的定住として現れる。そうすると、そうした社会に固有の問題は、あらかじめ規範や信念、文化や信仰の共有が見込まれないその場所で、社会的な交通性を維持したままで、どのようにして新しい社会をつくりあげていくのか、ということになるでしょう。

伝統的な都市においては、それをがっちりしたハードとソフトによって秩序づけていく（これが「冷たい都市」というやつです）。ヨーロッパ中世の都市共同体は、そうしたハードな都市を社会の局所につくりあげていく傾向がもっとも強かった都市だと言ってよい。他方、たとえばイスラーム圏の都市になると交通の強度がはるかに高いために、ヨーロッパのように都市を共同体として政治的に組織するというかたちをとらなくなります。さらに日本のように、そもそも都市的な領域を社会の他の領域から明確に区画して秩序づけてゆく指向性がきわめて低い社会もあるわけです。

このように考えると、比較社会論的な問題として、ある社会で「都市」をつくりあげるときに、それをどのような場所、どのような社会としてつくりあげてゆくのかということにさまざまな選択肢が考えられるということになります。どのような空間形態を与え、どのような制度的ソフトを与えるのか。コスモロジーを導入するか。物資や人間の交通の体系はどうするのか。そういった一種の社会工学的な主題が浮かんでくるわけです。

このように考えると、シカゴ学派の生態学が問題にしたこと、そしてまた、新都市社会学がその後に資本主義社会における空間の生産や消費の問題として考えようとしたことは、都市的な空間に対して人間の社会が対処していくときの、可能な選択肢のいくつかであったのだと考えることができるでしょう。そして、実際に都市の社会学や都市論が扱いうる対象——都市の可能なかたちと、そこに生み出されるさまざまな都市的現実——にはもっとたくさんのヴァリエーションがあるのだということも理解できるでしょう。

†現代都市の変容——身体・メディア・テクノロジー

都市は、社会の二次的な領域における身体や物財、記号の配列や流通を、空間の二次性、交通性を維持したままで秩序化しようとする空間です。今までの都市論が問題にしてきた都市のコスモロジーや記号の戯れの問題、あるいはまた都市社会学が扱ってきた都市的生活様式の問題や新都市社会学が扱ってきた空間の社会的生産や消費の問題は、すべてこの二次的空間における身体・物財・記号の配列と流通の秩序化の問題として、そしてまたそのような秩序化を逃れようとする過剰な流動と、それをめぐる社会的な諸過程の問題として捉えることができるでしょう。私たちが「都市」という言葉で理解しているものは、一方では、社会の一次的な領域から溢れ、差異化しようとする身体や物財、記号の流動なのですし、他方では、それらを再び秩序化しようとする制度や技術の複合体なのです。そうすると都市論のテーマは、社会の二次的な領域において「人間の社会」がどのようにつくられ、そこにどのような力学が働くのかという、文字どおり「社会学」としか呼び得ない問題になるでしょう。むろん、個々の都市の二次的定住としてのあり方の違いによって、そこでの「社会学」の照準すべき問題はおのずと異なってくるはずです……（たとえば、二〇世紀末の東京と、七世紀のローマについて同一の「社会学的問題」が立てられるとは言えないでしょう。そこでは「社会」の成り立ちそのものが、どこかで異なっているのですから)。

現代都市ということに関して言えば、身体とメディアとテクノロジーの問題が、都市における社会学的探究の重要なテーマのひとつでしょう。一九世紀以降、新しい交通・通信メディアが社会の内部に埋め込まれてゆくと――逆の言い方も可能です。そこでは社会がメディアに埋め込まれているわけです――、社会の中で人間が空間を共有していたり、距離をもっていたりすることの意味が変わってしまう。そこでは空間のあり方が、位相論的に変容してしまうのです。空間を共有しなくても、たとえば電話によって人が会ってしまうとか、パソコンによって会ってしまうとか、あるいは自動車や鉄道によって、今まで人間が超えることのできなかった空間を超えることができる。そうするとそこで都市がもっている空間のかたちや、都市空間の意味等が変容してくる。私たちが『メディアとしての電話』(弘文堂)という仕事で考えてみたことも、そうした社会空間の変容の問題でした。[*26]

また、これと関連する問題ですが、これまで機能性や合理性の枠の中で考えられてきたテクノロジーを、シンボルの次元で捉え直してゆくということも必要でしょう。近代の都市空間や都市計画は、都市空間の機能性や合理性を極大化することをひとつの目標にしてきたわけですが、そこで動員された機能的なデザインや合理的なスタイルというものが、実際には必ずしも機能的でも合理的でもなかったりするにもかかわらず、「機能性」や「合理性」を表象する記号として機能している。現代の都市空間や、都市をめぐる私たちの思考は、一九世紀以来、こうした合理性や機能性の神話によって強力に縛られています。とすれば、今日の都市を理解するうえで、合理性や機能性の神話を脱神話化する作業は不可欠なことになるでしょう。都市の記号論や象徴論は、八〇年代後半の地価高騰や不景気のあおりで、いまや一時ほどの華やぎはありませんが、「現在」の問題として思考すべき問題はまだ山積みになっているように思われます。

第4章 文化社会学

吉見俊哉

社会学的な問いのひとつの対象として、近現代の文化あるいは価値の問題があります。一九世紀末以来、社会学の伝統のなかで繰り返し問題になってきたのは、近代化や現代化のなかでの宗教、そして文化の変容というテーマでした。

†歴代の社会学者は、文化をどう扱ってきたのか?

たとえばマックス・ウェーバーの場合、彼の問いの中心は資本主義の文化はいったいどこからきたのかということでした。それを問う過程でプロテスタンティズムの倫理の問題に出会い、さらにキリスト教だけでなく、仏教や儒教、道教など、さまざまな宗教の比較社会学的な分析にまで視野を広げていくことになったわけです。その際、彼は一貫して経済と宗教の関係を問題にしながら、資本主義の文化的な起源を考えていました。

デュルケムの場合は、資本主義というよりも産業社会の文化的な構成や道徳の問題を考えようとしていました。むろん、そこにはサン゠シモンやコントからの伝統もあるのでしょうが、やがて彼は未開社会における宗教生活の問題に視野を広げ、聖なるものと俗なるもの、あるいは儀礼についての社会学的な理論を構築します。

一九二〇〜三〇年代に活躍するマンハイム、それからフランクフルト学派は、資本主義や産業社会よりも大衆社会の文化的構成を問題にします。マンハイムは、そこからユートピアを喪失した時代としての現代の姿や、そこでの知識人の役割について問題を提起したのです。フランクフルト学派であるアドルノやエーリッヒ・フロムは、ファシズムの文化的な起源、あるいは文化産業についての批判的研究を展開していきます。

同じように一九二〇〜三〇年代、アメリカでは初期シカゴ学派のロバート・エズラ・パークやルイス・ワースが都市社会学をつくっていきます。彼らが問題にしたのも、都市社会の文化的構成でした。この時代のシカゴはヨーロッパからどんどん移民が流入し、異質なエスニック・グループが蝟集して人口も爆発的に増えます。それも同質的な人口が増えるのではなく、異質な人びとがどんどん集まったのです。そこで、そうした異質なエスニック集団が凝集した都市のなかから、どんな文化的秩序が生まれてくるのかが、パークたちの一貫した問いだったわけです。この問いは、やがてワースによる有名な「生活様式としてのアーバニズム」の理論に結実していきますが、初期シカゴ学派の一連の都市エスノグラフィーのなかには、必ずしもワースの図式には収まりきらないような都市の文化的経験に対する生き生きとした視点をたくさん見つけることができます。

戦後になりますと、リースマンが大衆社会や産業社会というよりも、まさに現代につながる消費社会の文化に焦点を当てます。彼の主著である『孤独な群衆』（みすず書房）は大衆社会論の本だとよく言われますが、じつはそうではなく、消費社会の集合的心性についての先駆的な分析です。つまり彼は、バラバラに原子化した孤独な群衆を問題にしていたのではなく、メディアや同輩集団に影響されながら自己を演じ続けていく孤独な群衆を問題にしているのです。そして、このような「演技する群衆」の文化がどのように現れ、産業社会の文化を変容させていくのかということを、リースマンは「他人指向型」という概念を軸に示していきました。

以上のように、ここ一世紀の流れをざっと振り返ってみただけでも、近現代社会における文化的秩序の問題が、社会学のなかでどれほど重要な意味を持ってきたかがおわかりいただけるでしょう。つけ加えれば、日本の戦後社会学の流れを見ても、その大きな柱のひとつとして近現代日本の文化変容を問うていく作業がありました。たとえば、日本の社会学者たち——作田啓一、見田宗介、栗原彬、井上俊といった人びとによって、流行歌や遺書、身の上相談などを素材に進められてきた社会意識の分析は、まさしく文化社会学の中心的なテーマに向けられたもので、私の問いの出発点でもあります。

†人類学と歴史学に刺激された文化の社会学

それではそのような近現代化のなかでの文化変容という対象に、文化社会学はどのような方法でアプローチしていったらいいのでしょうか。まず、前提として強調しておきたいのは、文化あるいは文化変容を問題にするときには、それを形而上学的ないしは抽象理論的な水準だけで考えてもダメだということです。私は、社会学にとってもっとも重要なのは、現実の実証的なデータや資料と理論的考察とのアクチュアルな緊張関係だと思います。理論をはじめから完成させてしまって、既存のデータで正当化するのではなく、自分たちが置かれている現代の状況のなかから問いを発し、現実のデータをとおして理論を構想していくような、そうした取り組みが社会学的探究の根底にあるべきです。

したがって大切なのは、どのような方法で事象と理論を架橋していくのか、どのような方法でデータを社会学的に理解し、理論的洞察にまで深めていくのかということです。私の考えでは、この課題に応えていく実践的なふたつの方向があるように思います。

ひとつは、エスノグラフィです。人類学の場合、長年のフィールドワークの経験をとおして、エスノグラフィについてのさまざまな方法が積み上げられてきました。そうした人類学的な方法論は、しかし同時に本質的に社会学的でもあります。事実、先ほど例に挙げた初期シカゴ学派も、はじめの頃には都市文化に対する人類学的な探究はいかにすれば可能かという問題意識を抱いていました。現代社会における諸々の文化の場、たとえば酒場やバー、競技場、映画館、コンサート、学校、それにテレビ視聴などを対象にエスノグラフィを記述していくことは充分に可能だし、大いに意味のあることです。

もうひとつは、社会史です。エスノグラフィが同時代的な次元で現代文化にアプローチするのに対して、社会史は歴史的な積層性において現代文化にアプローチします。そして、両者はそれぞれ独立のものではなく、互いに補い合うものです。歴史学であれば、アナール派をはじめとして、歴史的な分析と人類学的な分析の接合がさまざまに試みられてきました。私自身も、盛り場、イベント、メディアなどに焦点を当てながら現代文化を社会史的に問おうとしてきましたが、それがたんなるヒストリーになってしまうのではなく、あくまでヒストリカル・エスノグラフィとなることを目指しています。

このように考えてくると、社会学にとって、人類学や歴史学との関係は決定的に重要です。実際、一九七〇年代から八〇年代にかけての人類学や歴史学からは、社会学そのものよりも社会学的で刺激的な研究が、続々と出ていました。また、社会学者の研究でも魅力的なものは、アカデミズムのなかで制度化された「社会学」という殻を突き破って、むしろ人類学や歴史学から学問的な構想力の多くを摂取していた時代がありました。一九六〇年代以来、社会学と人類学、歴史学は、相互に浸透しあって、文化についての新しい学問領域を形成してきたのです。このことを、これから〈祝祭〉と〈都市〉というふたつのテーマについて考えてみたいと思います。

†近代は祝祭を抑圧せず、むしろ再編成した！

ご存じのように、七〇年代後半、人類学や歴史学、文学研究のなかで、いわゆる記号論がブームとなり、山口昌男や前田愛が活躍します。彼らの議論は、流行として消費されてしまった感もあるけれども、現在でも真剣に考えていくべき問題を含んでいました。そのひとつが祝祭論の問題です。祝祭論も、山口昌男とイメージがダブッてしまい、言説としての山口昌男と同じように手垢がついてしまった感じもします。しかし、ミハエル・バフチンの名著『フランソワ・ラブレーの作品と中世・ルネッサンスの民衆文化』（せりか書房）以来、祝祭性というテーマは、歴史学や人類学でもカーニバル論や儀礼論としてずっと論議されてきました。そういう広い視点で考えるとき、祝祭について記号論的ないしは儀礼論的な探究は、そう簡単には消費されつくせない、文化の社会学にとっても機軸となる問題構制を含んでいるのではないかと思うのです。

日本の記号論的な祝祭論が、結局、九〇年代以降、魅力を失ってしまったひとつの理由は、この議論が、分析枠組みとしてはスタティックというか、歴史のダイナミズムとの有効な接合を欠いていたことにあると思います。つまり祝祭と言うと、すぐに中心と周縁だとか道化だとか、そうした読み取りの構図が前提とされてしまって、各々の祝祭の場が、それが置かれている社会の中でいかにしてリアリティを成立させ、変容させ、人びとの身体をどう動員してきたのかという、より権力技術論的な問いをうまく組み込めなかったことに、ひとつの問題があったように思うのです。だから、冷たい社会と熱い社会というよく知られた表現で言えば、すべてが冷たい社会、つまりある一定の構造に変化が還元されていくような社会の祝祭問題として捉えられてしまうことになり、歴史を変えたり、そこにおいて権力や近代性が作動していくような熱い社会における祝祭、つまりそれは革命や暴動、国家行事であったりするのですが、そうしたものへの展望が出てこなかった。

ところが、本当は、祝祭というテーマは、たんに未開社会や伝統社会の人類学的分析にだけでなく、歴史的な王権や国家における祭りの問題や、近代化のなかでの国家祭典やファシズムのプロパガンダ、さらには消費社会のコマーシャリズムの問題を考えるうえでも、重要な切り口になるはずなのです。実際、現代の私たちの生活には、演出され、管理された祝祭やメディアを通じて供給される祝祭も含めて祝祭的なもの、スペクタクル的なものが溢れています。近代は祝祭を抑圧したのではなく、むしろ再編したのです。再編された結果、近代社会に特有の祝祭性の仕掛けとして登場したのが、たとえば博覧会であり、オリンピックであり、さまざまな国民祭典であり、あるいは広告や遊園地、デパートのような消費文化です。また、近代以前の祝祭性と近代の管理された祝祭性が混合しているような場として、盛り場や観光地を考えていくこともできるかもしれません。

†近代的な祝祭の場としての盛り場

私はこれまで、このような近代社会における祝祭性の変容を、盛り場、博覧会、広告、遊園地、国民祭典といった事象に焦点を当てながら、探究してきました。たとえば、私の最初の著作である『都市のドラマトゥルギー』(弘文堂)は、日本の近代都市化のなかでの盛り場文化の変容を扱ったものです。明治・大正の東京における盛り場として「浅草」と「銀座」を、戦後の東京の盛り場として「新宿」と「渋谷・原宿」を取り上げ、これらの盛り場に人びとはどのように集まり、そこでどんなメカニズムに媒介されていかなる意識を形成していたのかといった点について議論を展開していきました。

このように盛り場を取り上げたのは、それが都市のなかの「サカリ」の場、つまり空間化された「マツリ」の場だからです。盛り場を、たんなる繁華街、つまり商業・娯楽施設の集積地として見るのではなく、むしろ近代都市のなかで、人びとのハレ的な意識が積み重なっている場所として捉え返すことが必要でした。そうすることで、ちょうど人類学や歴史学による祭りや祭礼、巡礼の研究に連なるような研究が、都市社会学的な分野において可能になると考えたのです。盛り場という、まさに近代的な祝祭性の場に注目することで、近代都市における人びとの心性の変容を明らかにしようとしたのです。

そこでは東京の盛り場文化におけるふたつの大きな変化に注目しています。ひとつは、一九二〇年代、関東大震災を転換点として、東京でもっとも関心を集める盛り場が「浅草」から「銀座」に移行したこと。すなわち、震災の前までは、東京における都市文化の中心地は圧倒的に浅草で、そこには活動写真や浅草オペラ、軽喜劇、浅草十二階、私娼窟をはじめ、ありとあらゆる種類の人間と娯楽が集まって凄まじいばかりの活気を誇っていました。ところが震災後、この浅草をも凌駕する勢いで銀座が大衆化していきます。それまで銀座は、たしかに東京でもっともハイカラな街でしたが、誰もが銀ブラを楽しみ、流行歌に歌われたり、雑誌で特集されたりするような賑やかな盛り場ではありませんでした。それが震災を契機として、デパートが次々に銀座に進出し、カフェの文化やモボ・モガの風俗が一世を風靡し、銀座は大衆的なモダン文化消費の中心地となっていくのです。

†スタイルを消費していく祝祭性の場の登場

東京の盛り場文化におけるもうひとつの重要な変化は、一九七〇年代に起きました。だいたいオイル・ショックの頃を転換点として、若者たちの関心をもっとも強く集めていく盛り場が、「新宿」から「渋谷」や「原宿」へと移行したのです。一九六〇年代まで、大学進学や集団就職で上京してきた若者たちは、まずどこよりも先に新宿に集まっていきました。この盛り場にはそうした若く満たされないエネルギーが渦巻き、アングラ演劇やフォーク・ゲリラ、ハプニング、フーテン、学生運動など、さまざまな対抗的な若者文化が生み出されていきました。ところが、七〇年代後半になると、そのような都市と若者文化の関係は大きく変容していきます。若者たちは、新宿のようにドロドロした、不確定の街よりも、渋谷や原宿のようにカタログ的に場面が演出される街を闊歩し、街の風景を背景にファッショナブルな自己を演じていくようになったのです。

私には、このふたつの盛り場文化の変化が同型性を内包しているように思えました。浅草と新宿は、ともに近世からの盛り場や宿場としての場所性を引き継ぎながら、異質な要素を混在させていく盛り場でした。そこには単身者たちが集まり、その場において群れを形成していきました。それに対し、銀座や渋谷、原宿は、若者たちが決められた「モダン」ないしは「ナウ」なスタイルを身につけ、演じていく盛り場です。しかも、これらのスタイルは盛り場のなかから生まれてくるというよりも、雑誌やラジオ、レコード、それにテレビといったマスメディアを通じて形成されてきたものです。人びとは、すでに知っている盛り場のイメージを、実際に行くことでアリバイ的に確認しているのです。

日本の近代都市化の過程を全体として見るならば、盛り場文化の基調は、浅草・新宿的な祝祭性から、渋谷・原宿的な祝祭性のほうに移ってきたようです。すなわち、かつて全盛を誇った浅草の民衆文化は、震災後から少しずつ翳りを見せはじめ、戦後は歴然と衰退に向かいます。そして、一九六〇年代には、少なくとも若者に対しては浅草六区にも似た求心力を見せた新宿のアングラ文化も、七〇年代以降はその力を失っていくのです。その一方で、銀座的な祝祭性、つまりスタイルを消費していく祝祭性のほうは、戦前は基本的に銀座に限定されていたのが、高度成長以降は渋谷や原宿だけでなく、全国各地に広がっています。このような変化は、たんに東京の盛り場の変化というだけでなく、日本の近代化のなかでの祝祭性の構造そのものの変容と対応しているのではないでしょうか。

†近代社会が発明した祝祭性の空間＝「博覧会」

『都市のドラマトゥルギー』以降、私は祝祭性の変容を、もう少し広いコンテクストのなかで考えてみたいと思うようになりました。つまり、盛り場の研究では、近代都市のなかで祝祭性の変容を問おうとしたのですが、むしろ今度は、近代国家というか、近代社会全体のなかで祝祭性の変容を問題にしてみたくなったのです。そのための第一歩として、私は博覧会に注目しました。博覧会は、近代国家や資本主義によって新たに発明され、徹底的に管理された祭りの場です。博覧会に照準を合わせることで、近代がどのような祭りを発明し、そこでどのようなリアリティを演出しようとしていったのか、それを人びとはどう受容していったのかが明らかになると考えたのです。

そして、このような関心から欧米と日本の一九世紀以降の博覧会文化の展開について分析したのが、九二年に出版した『博覧会の政治学』（中公新書）です。この研究で私は、大きく三つの分析軸を提示しています。

第一に、博覧会は、「産業」のディスプレイという以上に、「帝国」のディスプレイであろうとした。博覧会が大衆的スペクタクルとして重要な作用を果たした一八五一年から一九三九年までの間、この空間は繰り返し帝国主義の巧妙で大規模な展示を行なってきました。こうした傾向はすでに五一年のロンドン万博から見られますが、世紀末に顕著になり、多くの植民地パビリオンが建てられ、植民地の人びとが実際に「展示」されたり、植民地戦争の戦利品が展示されたりしています。

第二は、「商品」のディスプレイ装置としての博覧会という視点です。博覧会とは、何よりも一九世紀の大衆が、近代の商品世界に最初に出会った場所でした。まだ情報メディアが現在ほど圧倒的な力を持っていなかったこの時代、人びとはまず博覧会を通して近代の商品世界の何たるかを知ったのです。博覧会もまた、これら商品＝モノたちの世界をディスプレイしていくさまざまな技術を開発しました。そして、この博覧会において誕生した商品世界の展示技術は、やがて一方では都市のなかに百貨店として拡大し、他方ではメディアのなかに近代広告を発展させていきます。博覧会、百貨店、そして広告は、資本主義の想像力の空間・メディア的な現れとして、相互に密接に結びついているのです。

第三の柱をなしたのは、「見世物」としての博覧会という視点です。博覧会は、その発展を通じて、伝統的な都市の見世物を自らの近代的秩序のなかに吸収していきました。たとえば、ロンドン万博が開催されるまでの一世紀、この都市にはじつに多種多様な見世物が蠢《うごめ》いていたのですが、万国博は、これら見世物の想像力を飼い慣らし、自らの想像力の一部として取り込んでいきます。とりわけ世紀末になると、博覧会の演出に遊園地的な要素が積極的に取り入れられるようになります。日本の博覧会でも、大正以降、ランカイ屋と呼ばれる博覧会専門の見世物師たちが活躍しはじめます。博覧会は、江戸時代までの細工見世物師たちを、近代のディスプレイ産業へと転換させていくのです。

このように博覧会は、帝国主義と消費社会、大衆娯楽を融合させます。それは、帝国主義のプロパガンダの原型であると同時に、消費者を誘惑してやまない消費社会の広告環境の原型です。そしてそれは、多くを一八世紀以来の見世物や幕末明治期の見世物から引き継いでもいるのです。この本では、このような三つのテーマ、すなわち「帝国」のディスプレイ、「商品」のディスプレイ、「見世物」としての博覧会という三つのテーマが、どのように絡まり合いながら、都市の大衆の感覚、記憶、欲望、身体の総体を動員していったのかということを具体的に論じていきました。同時に、このようにして博覧会が出現させたリアリティが、現代ではもっとさまざまな場面に日常化して広がっていることも論じました。このような分析を行なうことで、近代社会が生み出した新しいタイプの祝祭と大衆動員の関係や、現代文化への影響を明らかにしようとしたのです。

†時代とともに変容する祝祭性をめぐる権力システム

しかし、近代社会が発明した祭りの空間は、博覧会だけではありません。たとえば、一九世紀末から二〇世紀初頭にかけて拡大していく国民祭典も、同様の視点からの研究対象となるでしょう。また、明治初年代から十年代にかけてさかんに行なわれた天皇巡幸やその後の天皇制国家の儀礼システムも重要です。明治国家の形成期において、天皇は全国各地を巡幸しますが、先々の町は一種のお祭り騒ぎになり、その祭りに多くの人びとが動員されます。ここには、伝統的な祭りの意識、あるいは天皇を神に祀り上げていく意識と、まさに天皇が近代国家を担う超越的な審級として、一人ひとりの国民をまなざしていく作用が結びついているのです。つまり、伝統的な祭りの側面と近代的な規律訓練の権力が結びつき、天皇巡幸という祭りの場が演出されているわけです。そしてこれが、やがて小学校の運動会をはじめ諸々の学校行事にも制度化されていくことになります。

祭りをめぐる権力のシステムは、明治期を通じて大きく変容するのです。こうして明治二十年代以降になると運動会や修学旅行、御真影の儀礼、それに軍事演習など、いろいろな国家の祭りが組織的に演出されていくことになります。そういう国家の祭りをめぐる諸々のポリティックスは、たんに天皇制国家のイデオロギー操作というだけでは捉えられないし、他方で中心と周縁とか、ハレとケとかいった視点からだけでも捉えきれません。むしろ、七〇年代の記号論的な分析を前提としながらも、もっと歴史性や社会的権力への視点を内包させた考察が必要です。構造と歴史という、ある時期さかんに論じられたテーマが、祝祭性の具体的な場を分析するなかから浮かび上がってくるのです。

では、こうした研究は、文化の社会学においてどのような意味をもつのでしょうか。ご存じのように、人類学や民俗学では、未開社会や伝統社会における祭りや儀礼の研究が重要です。人類学は、一方で親族組織についての社会人類学的研究を進めてきましたが、もう一方の柱は、儀礼についての象徴人類学的な研究でした。ですから、人類学者のヴィクター・ターナーは、儀礼において成立する過渡的な共同性を〝コムニタス〟と呼び、山口昌男の「中心・周縁」論などの記号論に大きな影響を与えました。バリの「劇場国家」論で知られる象徴人類学者クリフォード・ギアーツ、あるいは民俗学の柳田國男においても儀礼の分析は中心的な位置を占めてきました。儀礼の構造を分析することで、その社会が成り立たせている社会的現実の仕組みを捉えようとしてきたのです。

†社会学が文化に取り組むこととは？

問題は、こうした人類学や民俗学での儀礼研究に対応する研究が、近現代社会の文化を対象とする社会学でどれだけ取り組まれてきたのかということです。すでにお話ししたことからも、近現代社会の文化を捉えるときに、その儀礼的な面、つまり近代化された祝祭、儀礼やスペクタクルの諸ジャンルに注目していくことが、非常に大切であることはおわかりいただけたはずです。博覧会や国民祭典、盛り場だけでなく、たとえば運動会やオリンピック、観光旅行、選挙、戦争宣伝、広告、結婚式、葬儀等々を、近代社会の歴史的文脈のなかで分析していくことは、充分に意義のあることです。

しかし、これまで社会学で、余暇の社会学、スポーツ社会学、都市社会学などに問題意識は分有されてきたかもしれませんが、これらの対象がひとまとまりの研究領域とみなされてきたようには見えません。それにはいくつかの理由がありますが、ひとつには、近代社会は、人びとの欲望を抑圧し、祝祭的なものを排除していく、工場や監獄、学校などに典型的に示される禁欲の制度のみが支配する社会であると見なす視点があったからだと思います。たしかに、近代社会は規律・訓練的な権力が社会のあらゆる場面を覆っていった社会です。ところが同時に、近代は伝統社会にあった祭り、祝祭性を抑圧し、排除していっただけなのかというと、そうとも言えないのです。近代は、祭りを排除したのではなく、むしろそれを近代社会のシステムの一部として取り込み、再編成してきたのです。

かつての大衆社会論の一部には、近代社会はどんどん合理性を貫徹させ、人びとの行動を計算可能にしていったがために、ファシズムに向かうような大衆社会現象が、そこから排除された欲望や非合理なものの噴出として起きたのだといった論調がありました。けれども、ファシズムにしても大衆社会現象にしても、合理的な近代社会の外側に排除されたものが再び出てきたのではなくて、近代社会のシステムそのものが、そういう人びとの欲望や祝祭的なものも組織し、動員してきたのではないでしょうか。近代国家は、規律・訓練的な権力とスペクタクル的な権力を連動させながら、国民の身体をさまざまに動員してきたように思えるのです。ですから、現代において祝祭を論じることは、近代が抑圧してきたものを見直そうということではなくて、近代それ自体において祝祭がどう再編成されてきたのか、オリンピックにしても博覧会にしても、どれほど深く近代社会と結びついているのかを明らかにしていくことでなければなりません。

さらに言えば、現代消費社会のさまざまなコマーシャルな文化は、明らかに禁欲的なものとは違って、人びとの欲望を誘惑し、誘発しています。しかしそれも、近代社会の禁欲的な制度が終わって、ポスト・モダンな祝祭性の文化が登場したのではなく、近代そのものが、そうした消費社会的な文化情況につながる祝祭性の再編過程を含んでいたのだと考えるべきでしょう。ディシプリン的な権力とディスプレイ的な権力が連動しながら近代国家における国民文化の構成を支えてきたとするならば、現代消費社会のコマーシャリズムや日常化した祝祭も、ポスト近代としてではなく、むしろ近代が飽和した臨界面として捉えていくことができるようになると思うのです。

†「都市社会学」と「都市の文化の社会学」の間

さて、そろそろもうひとつのテーマ、すなわち〈都市〉というテーマを文化社会学的な視点からどう見るのかという話に移ることにしましょう。私自身が都市を問題にするのは、それが近現代社会の文化変容が繰り広げられていく主要な場所であるからです。だからどちらかというと、都市に対する問題関心が先にあるのではなく、近現代文化に対する問題関心がまずあって、そうした文化が展開していく具体的なトポスとしての都市に注目しているのです。そんなわけで、私は最近、あまり自分が「都市社会学者」であるとは名乗らなくなってきているのですね。もちろん都市社会学も、ひとつの流れとして都市の文化を問題にしてきたわけで、私の関心と都市社会学の関心はかなりの程度まで重なります。しかしながら私の関心の焦点が、狭い意味での「都市の社会学」というよりも「都市における文化の社会学」にあることは、ここでも強調しておきたいと思います。

そのような視点から都市を問題にしようとするとき、忘れてならないのは、都市が、決してたんなる社会集団や社会組織としてだけあるのではなく、むしろ建築物や道路といった人工物、鉄道や自動車などの移動メディア、それに電話やラジオ、テレビのような情報メディアなど、じつにさまざまな装置が何層にも結びついた場として存在していることです。これらの装置は都市に生きる人びとの身体を位置づけ、都市の文化や社会の成り立ちを条件づけています。建築学や都市工学においては、これらの装置こそが都市の実体であり、それを計画していくことになるのですが、社会学の場合はどうでしょうか。

都市社会学で都市をどう問題にしてきたのかを概説すれば、大きな流れがふたつあります。ひとつは、シカゴ学派です。一九二〇〜三〇年代以降、パークやワース、バージェスといった人びとにより、実証主義的な都市社会学の流れが形成されます。このシカゴ学派的な流れのなかで進められてきたのは、日本の場合ですと、町内会や都市コミュニティ、都市的生活様式の研究など、主として都市における社会集団の研究でした。他方、一九七〇年代以降になると、新都市社会学あるいはマルクス主義的都市社会学の流れが台頭してきます。これは、シカゴ学派に対する批判として出てきた都市社会学の流れです。シカゴ派都市社会学が都市を自律的な秩序として捉え、どちらかというと都市のなかのミクロの場面に関心を向けてきたのに対し、新都市社会学は、都市を国家や資本主義システムによって生産されるものとして捉え、マクロな構造との関係を問題にします。

†これまで看過されてきた「空間・メディアとしての都市」

シカゴ派都市社会学も、新都市社会学も、それぞれ説得力はあるのですが、ここで指摘しておきたいのは、それらの都市社会学では、「社会としての都市」を条件づけている「空間・メディアとしての都市」に対して、二次的な関心が払われるにとどまってきたことです。シカゴ学派の場合、空間は社会的秩序の外側に所与として存在するものでした。新都市社会学の場合、空間を国家や資本によって生産されるものとしては捉えますが、その空間やメディアが、都市における文化やリアリティの構成をどう媒介し、生きられていくのかについては充分に論じられていません。しかし、都市を問うていこうとするときに、それをたんに社会集団として捉えるのではなく、そうした社会集団や社会的状況は、空間やメディアの織りなされた場においてこそ存在しているのだと考えることが重要なのです。その際、その空間やメディアを、社会的な関係性を媒介し、リアリティを枠づけていく媒体として見ていくことが必要です。社会学的な想像力と工学的な想像力は、都市というフィールドのなかでお互いを意識し、補いあっていくような関係にあるのです。

このような認識から、私はかつて、若林幹夫さんや水越伸さんと『メディアとしての電話』（弘文堂）についての共同研究を行ないました。この共同研究は一九八〇年代、まだ携帯電話がほとんど社会に普及していなかった時代になされたものです。そのなかで私は、電話という声を電気的に複製するメディアが都市に浸透していくなかで、我々の生きる空間のあり方が、対面的な場と電子的な場に二重化していくことを指摘しました。たとえば、かつては玄関に置かれていた電話がリビングルームや子ども部屋にまで浸透していくことは、家庭という空間が、対面的な空間としては閉じていても、電子的な空間としては個室レベルで分解し、より広域的なネットワークの端末を成していくことを意味します。家族で居間にいるときに、友人からかかってきた電話に出ている子どもは、居間の中のリアリティと電話回線の中のリアリティの両方を生きています。同様のことが、路上や電車の中で携帯電話をかけている人にも起きてきました。こうして都市は、携帯端末の普及よりもずっと前から、電話というメディアに媒介され、その社会的な空間性を大きく変容させてきたのです。

†都市研究できわめて重要なテクノロジーの分析

都市についてのこうした認識は、究極的には、文化と空間と技術の関係という問題に行き着くのかもしれません。都市とは、最初から、政治的であると同時に建築的なテクノロジーの産物でした。都市を村落とは異なる社会性の場として成り立たせているのは、さまざまな意味での集中に加え、空間とメディア技術です。都市の文化は、まさにそうした技術に媒介されながら生み出されているのです。

都市社会学や文化の社会学は、テクノロジーの分析がきわめて重要な意味をもつことにどれだけ注意を払ってきたでしょうか。工学的な都市論に反発しながらも、都市の技術論を社会学的な視点から解体＝構築していくような研究は、多くはなされてこなかったように見えます。むしろ、都市社会学と都市工学は、一方は社会を、他方は空間を扱い、両者は別のものであるというように棲み分けてきました。今日の社会学が、まず変えなければならないのは、こうした棲み分けなのです。

現代社会と技術の関係は、技術が社会に外側から影響を与えるという関係にあるわけではありません。技術を社会の外側に置いてしまうと、社会を集団や役割、地位といった概念だけで捉えようとする視点になってしまいます。またその反対に、テクノロジーが変わることによって社会も変化していくんだという技術決定論に陥る可能性もあります。しかし、技術は社会の外側にあるのではなく、社会そのものがさまざまな技術の積分として成り立っているのです。技術はそれ自体、社会を構成している関係性の媒体だから、社会の外から影響するのではなく、最初から社会に組み込まれているのです。それには、建築や土木のような空間的な技術もあるでしょうし、電子メディアのような情報的な技術もあります。そういう技術の集積として社会を見ていくことが必要だし、都市は、まさにメディアや空間のテクノロジーが織りなされていく場として存在しているのです。

社会的な技術の複合体、あるいは積分として都市を見ていく、つまり都市工学や都市技術学ではなく、まさに技術を文化として、文化も技術の集積として見ていく都市の社会学を目指すべきではないでしょうか。文化社会学に関しても、テクノロジーの問題を欠落させた文化論ではなくて、近代社会において我々が関係を織りなしていく、その制度化された戦略そのものをテクノロジーの問題として考えていくべきです。そのなかには、狭い意味の工学的な技術だけでなく社会的な技術が入っているわけですが、社会的な技術のひとつの現れとして工学的な技術を捉えていくことも必要です。そうすると、狭義の大衆文化論や文化を社会の局所として捉えてしまうような文化論ではなく、近代の文化変容をもっとトータルに捉えていく文化の理論が考えられると思うのです。

第5章 家族社会学

野田潤

1　個人的なことは社会的なこと——家族こそ社会学されるべきである

「家族社会学」という単語を初めて聞いた時、特に若い世代の人たちは、その言葉の組み合わせを少しばかり訝《いぶか》しく思うかもしれない。家族とはプライベートなものなのだから社会とは関係ないんじゃないか、果たしてそんなものが社会学の対象になりうるのか、と。

このような感想が、とりわけ家族社会学に対して出されやすい理由は二つある。まず、①家族は個人的でプライベートなものだと（一般的には）思われていることが多いので、「社会とは関係ない」という誤解を、とりわけ過剰に受けやすい。そして恐らくはそのような誤解も一因となって、②家族が論じられる際には論者自身の個人的な体験が素朴に特権視されやすくなる。自らの考えや経験を、そのまま一般化して論じがちになるのだ。

それゆえに、しばしば多くの人にとって家族とは最も疑いにくい「常識」となっている。しかし（後述のように）家族と社会の間には、意外なほどに根深く密接なつながりがある。家族問題と社会問題は表裏一体の関係にあるといってもよい。そしてまた、家族とはいくつもの意味において、社会学の「やりがい」を強烈に感じられる対象でもある。まずは二つの側面から、そのことについて述べてみたい。

†社会学的想像力と家族

社会学的な分析にとって、何よりも必要な力とは何だろうか。アメリカの社会学者C・W・ミルズはそれを「社会学的想像力」と呼び、「個人環境に関する私的問題」と「社会構造に関する公的問題」を統一的に把握する能力のことだと述べた（ミルズ 1965）。当該個人にしか関係しないプライベートな問題だと一見思われている出来事の多くは、実際にはもっと広い社会的な文脈や問題を反映したものなのだ。

しかし、ごく私的な体験としか感じられないような身の回りの個人的なあれこれが、いかにして社会の問題とつながっているのか、そのメカニズムにいきなり気づくのは難しい。特に家族という対象は先述のように、この世で最も「社会とは関係ない」と思いこまれやすいもののひとつである。だがそのような存在としての家族でさえも、社会的な文脈の中に置きなおしてみれば、さまざまな制度や規範や歴史的な変化との連関性が、幾重にも発見されていく。その意味で、社会学的想像力という刃の切れ味を非常に鮮やかに体感できるのが、家族という分析対象の特徴ともいえる。

†価値自由と家族

社会学においては、分析する観察者自身もまた分析対象である社会の内部に組み込まれているため、完全なる外部から絶対的な客観性をもって素朴に社会を見つめることはできない。そんな社会学が科学として成立するために必要なものとは何だろうか。

ここで要求される作法のことを、ウェーバーは「価値自由」と呼んだ（ウェーバー1998など）。これは、分析者自身が特定の価値を前提としていることを自覚し、その自らの中の前提を反省的にとらえかえすことによって、相対的な客観性を確保しようとする態度のことをいう。人は誰もがどこかの社会に属しており、何らかの価値を前提とすることなしに物事を考えることは不可能である。たとえそれがどんな色であれ、色のついた眼鏡越しにしか、世界を見ることはできないのだ。しかし自分がどのような色の眼鏡をかけているのかを自覚し、その偏りを自ら省みることで、己の価値観を素朴に特権視するような態度から、可能な限り距離をとることはできる。それが価値自由の考え方である。

先述のように、家族という対象においては己の価値観がとりわけ特権化されやすい。価値自由のまなざしをもって家族を社会学するということは、自分の中で最も強固に「当たり前」と思いこまれている「常識」の数々が、音を立てて根底から崩れ落ちてゆく経験でもある。それこそが家族という対象を社会学することの難しさであり、また面白さであり、場合によっては救いともなりうるだろう。「当たり前だと思っていることは実は不思議なことかもしれない」という社会学の知の醍醐味は、家族という身近な対象に焦点を当てる時、いっそう強く感じられる。

†社会学と家族

このように、社会学的なまなざしを体得するにあたって、家族は身近な場所に隠れた絶好の練習問題である。そしてまた同時に、家族そのものを知りたい・考えたい人にとっても、社会学は役に立つはずだ。「社会」という視点を入れて見つめなおしてみることで初めて、「プライベートなもの」「個人的なもの」という視点だけからは見えてこなかった、家族の新たな側面が見えてくるからである。さらに重要なのは、自分自身がどのような偏り方をしているのかに気づくことで、違う世界の見え方ができるようになる点だ。その場所に立ってこそ初めて見えてくる光景があるし、初めてひらけてくる解決策もある。家族の問題を解かねばならない時に、社会学は確実に物の見方を増やしてくれる。「常識をうまく手放す」（佐藤 2011）という社会学の考え方は、家族を対象とする際には、ことのほか大きな意味を持つといえるだろう。

2 家族は「自然物」ではなく、社会の連関物である

†家族の可塑性と多様性

こうした家族研究ならではの特徴（と困難）を浮き彫りにする例として、家族の定義に関する問題がある。

かつて社会学や人類学の領域では、「異なる社会間の比較のためには共通の定義が必要」という認識のもと、多くの論者が家族の普遍的定義を試みてきた。例えば、形態面と機能面の双方から家族の定義を試みた代表的な議論としては、かつてアメリカの人類学者G・P・マードックが提唱した核家族普遍説が挙げられる（マードック 1978）。マードックは、

一組の夫婦とその未婚の子からなる核家族は他の親族関係から明瞭に区別できる基礎的なユニットとして人類社会に普遍的に存在し、社会生活上不可欠な四つの基本的機能（性・経済・生殖・教育）を常に担うと主張した。この理論は社会学にも大きな影響を及ぼした。

しかし彼の核家族普遍説に対しては同じ人類学の領域からいくつもの反論が噴出し、核家族がユニットにならない社会のさまざまな実例が挙げられていく。よく言及されるのが、一九世紀後半頃のインド・ケーララ州のナヤール族（ナヤール・カースト）の事例である。往時のナヤールでは正式な婚姻成立後も夫と妻は同居せずそれぞれの生家に所属しつづけ、夫は妻方の生活集団には組み込まれないまま妻方を訪うのが常だった。こうした通い婚が制度化された社会は、他にもガーナのアシャンティ族やインドネシアのミナンカバウ族など多数報告されている。またアメリカの人類学者M・J・レヴィは、中国の伝統的拡大家族では男の子の社会化を男性成員が、女の子の社会化を女性成員が担うため、親族の重要性が非常に大きく、社会化の最重要のユニットが核家族ではないと指摘した（Levy 1955）。他にも東アフリカのバソガ族など、子どもの社会化が核家族ではなく父系または母系の親族単位で行われる事例は多い（レヴィ&ファラーズ 1981）。

さらには、「家族が集団である」という前提そのものの妥当性を問う研究もある。人類学者の坪内良博・前田成文は、マレー半島のガロック村とブキッペゴー村での事例を通じて、家族圏という概念を提唱した（坪内・前田 1977）。これらの地域の農民のあいだでは、子育てを含むさまざまな機能代替が父母子のユニットを越えて日常茶飯事におこるうえ、家族圏のさまざまなメンバーによる同居世帯内への参入・離脱もきわめて頻繁かつ自由に行われる。ここでは生活集団の編成原理がイデオロギー化されておらず、家族関係とは一人ひとりの他者とのあいだに積み重ねられた二者関係の累積である。畢竟、集団としての外延は不明確であり、基礎的ユニットとしての核家族は自明視できない。

†「常識」のかたちは社会によって異なる

こうした流れのなか、人類学の領域では「通文化的な家族の定義は不可能」と考えるひとつの理論的潮流が、かなり早い段階で形成された。イギリスの社会人類学者E・リーチは、すべての事例が当てはまるような単一の通文化母型は存在せず、「結婚」や「家族」という言葉に普遍的・通文化的な定義は確立できないと論じた（リーチ 1974, 1985 など）。また同じくイギリスの社会人類学者R・ニーダムは、「親族」「結婚」という語彙が指示する現象は多様な要素のいくつかの組み合わせからなる多配列的なものであり、少数の共通要素で定義できるものではないため、普遍的な範疇を設定することは不可能だと結論づけた（Needham〔ed.〕1971など）。

これらの論点は、単に家族定義の問題としてのみではなく、第1節で述べた価値自由の問題としても理解しなおす必要がある。

リーチは一九五〇年代の核家族普遍説をめぐる論争について、それが欧米の夫婦家族を範型とした理論モデルであり、欧米社会で主流とされる家族形態を人類普遍のものだと思いこむ理論内在的なエスノセントリズムを有していたと指摘した。リーチとニーダムの議論を引き継ぐ人類学者の長島信弘は、「比較研究のためには共通の定義が必要」という発想それ自体が、現象面の多様性に対してアカデミズム内の既存理論の認識枠組を押しつける、本末転倒なものだと指摘した（長島1985）。いずれの批判においても問題になっているのは、（家族の定義不可能性そのものに加えて）分析者自身の認識枠組が知らず知らずのうちに対象理解の際の前提となってしまっているという、価値自由の不十分さなのである。自らの認識枠組の反省的な相対化は、自らの常識を疑いにくい家族という対象の研究においては、とりわけ重要となってくる。

一九五〇年代にヒマラヤ・チベット人のフィールドワークを行った人類学者の川喜田二

郎は、あるエピソードを紹介する。滞在先の村のチベット人のあいだでは、個人間における一人対一人の婚姻ではなく、系譜の異なる親族集団間における一グループ対一グループの婚姻が制度的・慣習的に行われており、姉妹・伯母姪・母娘による夫の共有や、兄弟・伯父甥・父息子による妻の共有など、さまざまな形態の夫婦が日常的に観察された。しかしこれらのチベット人に「日本では同じ父方のいとこ同士でも結婚できる」という事実を伝えると、「日本はいったいなんというめちゃくちゃなところか」という反応が返ってくる。要は「自分のところのルールにあてはめてみると、相手は皆、犬畜生になってしまう」し、それは「お互いさま」なのである（川喜田 1988）。物事を観察する際に、観察者の価値観のみが特権的な審級として通用するのだという思いこみは、あくまでも思いこみにすぎない。

家族にまつわる制度や規範や「常識」のかたちは、社会が変われば異なってくる。ある社会で「当たり前」とされる家族のあり方は、往々にして別の社会からは「不思議なこと」と見られうるのだ。これはむろん地域間比較の話だけではなく、同じ社会の中での歴史的な変化についても同様である。他者の色眼鏡を不思議に思うまさにその瞬間、私たちは常に自らの色眼鏡を疑いなおす必要がある。

†家族と社会の連関性

こうした事例を見ていくと、多くの議論を戦わせながらも、家族の普遍的な定義が確立できなかった理由が浮かびあがる。それはおそらく、家族が自然物ではなく、社会的に成立しているものだからだろう。

例えば、社会的に規定され学習によって後天的に取得するジェンダー（社会的性差）の中身は、社会によって大幅に異なる。また生物学的な性差であるセックスでさえも、その多様な違いをどう分類し、どう解釈し、いかなる規範や制度のもとに置くのかは、決して自然発生的に決まることではなく、むしろ高度に社会的な営みである。そうである以上、家族のかたちもまた「自然」ではありえない。

例えば「子どもが生まれたら女性は仕事をやめて育児に専念するのが当たり前」という価値観は、一部の日本人が考えるほどには普遍的なものではない。確かに、「育児＝母」とされ、育児の外部化への許容度が低い日本や韓国においては、既婚女性が出産・育児期にいったん仕事をやめて家事・育児に専念するような行動様式が規範化・制度化されており、実際に女性の年齢階級別労働力を見ると、出産・育児期に低く落ち込むM字型の形を示す（この傾向は高学歴女性の間でとりわけ強い）。しかし排他的な母役割があまり強調されず、祖父母世代による育児支援が一般的な台湾では、女性の労働力率が大幅に下がるのは出産・育児期ではなく、むしろ自らが祖父母世代となる中高年期以降のことである（しかも日本や韓国とは逆に高学歴女性ほど家庭に入らない傾向が強い）。さらに既婚女性の職場進出に対して肯定的で、かつ育児施設の利用と親族による育児援助が一般的な中国では、女性の年齢階級別労働力率は出産・育児期においても下がらず、男性と似たような台形となる（ただし近年は改革開放政策による雇用調整・リストラにより一部の女性の無職化が進行しているとの指摘もある）。東アジアの内部だけで見ても、出産・育児期の女性の就労パターンは決して一定ではなく、子育てに対する支援のあり方や経済状況や規範の型と対応するのである（瀬地山 1996、落合・山根・宮坂編 2007、篠塚・永瀬編著 2008 など）。これらの違いは明らかに「子を産む」という生物学的現象から生じているのではなく、社会経済的な制度や歴史や規範を反映したものである。

また他にも、現代日本の家族における深刻な未婚化・少子化問題は、一九九〇年代後半以降の社会経済的な大転換による若年層の非正規労働化・低収入化と不可分の出来事である（山田編著 2010 など）。ヨーロッパの家族制度・宗教制度・政治制度の分析を通じて、家族制度とイデオロギーとの間に構造的な一致があることを指摘した、フランスの社会人類学者E・トッドのような研究もある（トッド 1992 など）。

このように、家族のあり方は社会のあり方と強く連関する。社会の制度や規範や歴史的経緯から切り離された全き自然物としての家族など、この世のどこにも存在しない。

†家族は「ゲマインシャフト」か？

社会学においては、こうした社会と家族の関連性を明らかにすること――とりわけ近代化が家族にどのような影響を及ぼしたかを解明することが、大きなテーマのひとつとして初期の頃から存在してきた。ただしその際には、ある特定の家族の形が「近代化によって失われた古くからの伝統」「本来の自然の姿」として本質化されることもあった。その典型例としては、ドイツの社会学者テンニースが一九世紀末頃に主張した、ゲマインシャフトとゲゼルシャフトの理論を挙げることができる（テンニエス 1957）。

テンニースは、一体性や結合性、共感、親密性によって特徴づけられる伝統的な共同体の関係をゲマインシャフトと呼び、諸個人が機械的・契約的にとりむすぶ個人本位な関係であるゲゼルシャフトと区別した。テンニースによれば、近代化とともに社会はゲマインシャフトの時代からゲゼルシャフトの時代へと移行し、かつての共同体は「解体」してしまう。こうした議論のなかでゲマインシャフトの最も原初的なかたちとして例示されたのが、家族である。テンニースのゲマインシャフト概念においては、家族は愛によって結びついた普遍的な共同体として、また社会が近代化する前の自然状態として本質化されている。

しかし先述の通り、多様で可塑的な家族に普遍性を想定することは実際には不可能である。またテンニースの理論における「伝統社会／近代社会」という単純な二項対立図式は、西欧近代以外の社会をすべて自然あるいは未開の名のもとで乱暴にひとくくりにする視線と表裏一体であり、西欧近代の特権性が無意識の前提となっている。

いっぽう、ウェーバーもまたゲマインシャフトとゲゼルシャフトの概念を用いて、近代における家族共同体の変貌を論じた(ウェーバー 1972, 1979 など)。ただしウェーバーは自身の家族研究を普遍的な一般理論としてではなく、あくまでも西欧近代の家族に特有な個別研究として位置づけている。例えば『経済と社会』第二部第三章において、ウェーバーは中世フィレンツェの資本主義的大家族共同体に注目し、貨幣経済の発達を機にこの大家族共同体の内部にゲゼルシャフト関係が生じたことを論じるが、そこでの議論の主眼はあくまでも西欧近代における資本主義の萌芽を解明することにある。また論証の際には比較対象として西欧古代や西欧中世、あるいは非西欧の社会におけるさまざまな家族共同体の事例が扱われるが、こうした西欧近代以外の家族のあり方は当該社会の諸制度との連関から説明されており、「前近代」ないしは「伝統」「自然」として一概にひとくくりにされてはいない。個々の記述の中では揺れや不徹底さはありつつも、テンニースのような素朴な二項対立図式は見られないといえるだろう。

†「家族＝情緒的つながり」という考え方

しかし、ウェーバーとテンニースに共通する点もある。それは、「家族＝情緒的なつながり」という考え方そのものの規範性や歴史性に関しては、あまり疑われていないことである。

ウェーバーは『経済と社会』第二部においては、家族共同体を「恭順と権威の本源的な基礎」と見なしており、必ずしも親密性の空間としては描いていない。しかし後に記された『社会学の根本概念』では、感情的・情緒的・伝統的な一体感にもとづく関係であるゲマインシャフトを、最も適切に表す典型例として、家族が特筆されている。ここではやはり「家族＝感情的・情緒的」という図式が成立しており、その部分についてはテンニースと同じ平面上にある。だが後述するように、それはまさに当時の西欧に特有な家族観であったのだ。

†パーソンズの家族論と集団論的パラダイム

その後、一九五〇年代に構造機能主義の理論の中で社会と家族の関連性に注目し、家族研究に大きな影響を与えた社会学者として、パーソンズの名を挙げることができる（パーソンズ＆ベールズ 2001）。

パーソンズの議論では、家族は全体社会のサブシステムとして明確に位置づけられており、生物学的な自然物としてはとらえられていない。パーソンズは家族の機能や内部構造、成員の役割分担などについて、社会システムとの関連から詳細に検討しつつ、核家族の孤立化や機能的な専門分化が近代産業社会に特有の現象であることを強調した。

しかしそのいっぽうで、パーソンズは「機能」という側面から家族に「恒常性」が存在することを主張した論者でもある。パーソンズによれば家族とは個人と社会の媒介項であり、自然と文化の媒介項である。ゆえに家族には①子どもの社会化、②成人のパーソナリティ安定という二つの機能が必ず備わっており、この機能はすべての社会で恒常的に見られるとされた。さらにパーソンズは、孤立した核家族のなかで社会との接点になる役割には成人男性こそが最も適任であるとして、夫婦間の性別役割分業を機能的に必然で不可欠なものと位置づけた。こうしたパーソンズ理論の影響は大きく、戦後の日本の家族社会学においても、夫婦の性別役割分業にもとづく核家族のあり方を前提としたパーソンズ式の集団論的パラダイムが盛んとなった。

しかし後にパーソンズの見解に対しては、様々な限界や批判点が指摘されてゆく。まず社会人類学の領域からは、核家族普遍説についての論争過程で、パーソンズに対してもマードックと同様の批判が提示された。パーソンズの理論はあくまでも当時のアメリカにおいて主流とされた家族モデルから析出されたものであり、そうした地域的・歴史的な限定性のなかで特定の機能をもっていたからといって、それをすべての社会に普遍化させることは不可能だ、という批判である。近代西洋の価値観を人類普遍のものと思いこむ自文明中心主義のまなざしが、パーソンズに関しても厳しく指摘されたのだ。

また、ほどなくアメリカ社会そのものの変容によって、パーソンズの議論に当てはまらない家族が現実に大量に出現しはじめる。夫婦の共働きが一般的となり、社会との接点が成人男性のみであるような家族が「常識」でも「機能的」でもなくなっていくのである。

さらには社会史やジェンダー研究、フェミニズム理論などの知見によって、パーソンズの家族論の前提は根底から揺るがされていくことになる。例えば、歴史的には子どもの社会化は家族の専売特許ではなかったし、愛情で満たされた癒しの場としての家族関係が理想化されるのも近代に特有の現象である。また経済的な稼得責任を夫に、家庭内での再生産責任を妻に割り当てる性別役割分業がうまく機能する社会経済のあり方は、アメリカ社会の資本主義においても、一時期のものでしかなかったのである。

3　家族と近代の関係とは?

†社会史・心性史からのインパクト

家族研究の領域において、パーソンズ式の集団論的パラダイムが根底から揺るがされる契機となったのは、フランスの歴史学者P・アリエスらによる社会史・心性史研究であった。アリエスはさまざまな図像学的資料や文字資料を駆使しつつ、中世から一八世紀の西欧において、子どもと家族に対する人々の意識がどのように変化してきたかを明らかにした（アリエス 1980）。

アリエスの議論の一部を紹介すると、可愛がりや教育といった特別な配慮が必要な《子ども期》という観念が成立すること、家族のなかで子どもが中心的な位置を占め、家族の全エネルギーが子どものために費やされること、家族が情緒的に強く結びつきあうことがひとつの重要な価値として社会的に強調されること、家族が外の世界から隔絶されたプライバシーの空間となること――これらはみな近代に特有な現象であり、中世には見られなかった特徴である。またこうした近代的な家族のかたちは、ブルジョワジーや貴族層では一八世紀頃に形成されるが、それが庶民階級へ浸透するのはかなり後のことである。ある規範的な家族のあり方が社会的に広まってゆく過程には、明確な階層差が存在するのだ。

またカナダの社会史研究者E・ショーターは、一八～一九世紀のヨーロッパの庶民階級における家族経験の変化を分析し、近代の家族を最も鮮明に特徴づけるのは愛情の規範化であると論じた（ショーター 1987）。近代化の進行とともに、夫婦間ではロマンチック・ラブが重視され、子どもに対しては母性愛が何よりの優先事項となり、そこからプライバシーで遮蔽された家族の情愛の価値を謳いあげる家庭愛の言説が爆発的に広まっていく。この家庭愛の言説の広まりにもやはり階層差があり、中流階級では一八世紀末、庶民階級では一九世紀末頃となる。

このように、愛や親密性が重視されるのは、家族の本質でも普遍でもなく、歴史的に特殊な一類型にすぎない。家族とは愛によってつながりあった親密な共同体であるという「ゲマインシャフト」的な祖型は、実は西欧近代が生み出した新しい理想の型なのだ。階層差があることからも、それが人間の「本質」や「自然」に根差したものではないことがわかるだろう。

†ジェンダー・フェミニズム研究からの知見

加えて、一九八〇年代以降のジェンダー・フェミニズム研究の蓄積は、パーソンズ式の集団論的パラダイムが前提としていた夫婦の性別役割分業にも根本的な疑問符を突きつけていく。例えば経済的には夫に依存しながら家事や育児などの再生産労働に専念するという意味での主婦の存在は、近代資本主義の進展のなかで形成され、制度づけられたものである。それ以前の庶民階級の妻は生活のために働いていたし、中上流階級では家事は使用人の仕事であった。主婦が存立するためには、生活水準の向上によって家庭内の家事や育児の要求水準が一定以上に達していなければならないし、夫のみの片働きで一家が養えるほどに男性雇用者の賃金水準が高くなっていることも不可欠である。さらに近代産業社会の成立以前には生産領域と再生産領域がはっきりと分離しておらず、生産活動と再生産活動の境界もあいまいだったため、それらを男の労働と女の労働とにきっちりと配分することと自体が困難だった。「女は家庭で家事・育児に専念する」として生産領域から厳密に区分された再生産領域がもっぱら女性に割り当てられ、また「男は外で働き家族を養う」として生産領域での稼得責任がもっぱら男性に配分されるような、いわゆる「男は仕事、女は家庭」というかたちの性別役割分業は、生産領域と再生産領域が明確に分離された近代において初めて可能になったのである。まさに幾重もの意味で、主婦とは近代の産物なのだ。

さらに、ジェンダー・フェミニズム視点による数々の歴史研究は、近代における母性概念の構築と制度化のプロセスを詳細に解明した。その嚆矢となったフランスの哲学者E・バダンテールは、一七〜一八世紀フランスの都市部では生まれた子を田舎へ里子に出す慣習があらゆる階層で極めて一般的だったこと、またフランスでは裕福な人びとが乳母を雇う慣習が一三世紀から広く見られていたことを挙げ、子育てが母以外の手によっても担われてきた長い歴史を明らかにする。そのうえで、一八世紀末〜二〇世紀にかけて「育児は母によって行われるべき」「母性は生得的に女性に備わる」という言説が出現し、流布し、女性を家庭内に閉じこめていく過程を詳細に論じた。こうした母性規範の定着にはやはり階層差があり、家庭内で育児に専念する母を称揚する言説は、生活にゆとりのある中産階級では一八世紀末に形成されるが、妻が一家の重要な働き手だった貧しい庶民階級の人びとにとっては、二〇世紀初頭まで無縁のものだった（バダンテール 1998）。

バダンテールの研究の主眼は、「母性＝女性の本質」という強固なジェンダー観の脱構築にあるが、それと同時に「子どもの社会化が家族の普遍的機能である」とするパーソンズの定式の否定材料としても読みうるだろう。歴史的に見れば、子どもの社会化は必ずしも家族の専売特許とは限らなかったのだ。

爾来、日本でも、中世〜近代初期にかけて広く見られる堕胎や子殺し、捨て子や貰い子や勘当、乳母や共同体や父による子育てといったさまざまな事例研究から、子どもの社会化をめぐる多角的な検証が重ねられている（服藤 1991、太田 2011、沢山 2013 など）。

†近代家族論の蓄積

日本の家族社会学でも、一九八〇年代末〜一九九〇年代頃に、このような社会史の知見とジェンダー・フェミニズム研究の知見が統合されるかたちで家族理論が大幅に見直され、落合恵美子や山田昌弘らによって「近代家族論」として結実した（落合 1989、山田 1994、井上ほか編 1996 など）。

近代家族とは、近代に特有な家族のあり方を指す用語だが、そのネーミングには「私たちが当たり前だと思っている家族のかたちは歴史的に特殊な一類型にすぎないのだ」という反省的な自覚が込められている。近代家族の特徴についてはさまざまな議論が展開されたが、主要なポイントは山田昌弘が整理した以下の三点にまとめられよう。

まずは、①家族が外の世界から隔離された私的領域となることである。中世や近世の家族の生活は、地域共同体のなかで家族以外の多くの成員による介入と援助を受けることで成り立っていたが、近代の家族はこうした外部との相互浸透を遮断することで、プライバシーに守られた私的領域として自閉していく。このことは家族の親密性の特権視につながり、さらに切り離された私的領域に再生産労働を割り当てる近代型の性別役割分業の前提要件にもなった。

次に、②家族の生活はすべて家族自身が責任を負わなければならないという自助原則の存在である。①の特徴によって外部からの介入／援助を喪失するため、家族成員の生活保障責任はすべて家族自身が負うことになる。この自助原則は近代型の性別役割分業と結びついており、実践面では経済的な稼得責任が夫に、家事・育児といった再生産労働の責任が妻に課せられる。

最後に、③家族の情緒的な結びつきを不可欠なものとして重視する、愛情の規範化である。ここで問題となるのは個々人の現実以上に、社会的な規範の水準である。アリエスが強調したように、家族の親密性が社会のレベルにおいて規範化され、価値づけられるという意味において、近代家族は愛情中心主義なのである。

そして、こうした近代家族のかたちが近代国家による統治の基礎単位として戦略的に制度化されたことも、忘れてはならない重要な特徴である。ただし先述のように、近代家族が広まる過程には、同じ近代国家の内部においても明白な地域差や階層差があった。日本ではこうした家族のあり方は大正期の都市部の新中間層でいち早く形成されるが、それが一般化するのは、社会全体の生活水準が底上げされた戦後の高度経済成長期である。家族の近代化の浸透度合には、社会的属性によって明確な違いがあったのだ。

†「今・ここ」の偏りを自覚する

ここで注意しておくべきは、近代家族が「標準モデル」として社会的に制度化・規範化された時代においても、近代家族的ではない生き方をする人は常に存在しつづけていたことである。例えば専業主婦になる女性が最も多かった一九七〇年代にも共働きの夫婦はいたし、離婚が最も少なかった一九六〇年代にも離婚によるひとり親家庭はあった。養子や里子については一九六〇年代までのほうが現在よりはるかに多かった。同じ日本のなかでも、時代によって、あるいは人びとの階層や職業によって、また各人の生い立ちによって、家族のバリエーションは非常に大きい。家族とは元来多様で可塑的なものなのだ。

しかし近代家族の広まりは、人びとが家族をとらえる認識枠組を、近代家族流のものに変化させた。そのことによって進行したのは、「標準モデル」の名のもとに近代家族以外の家族のあり方を周辺化・病理化させるまなざしである。それは社会学者も例外ではない。パーソンズ式の集団論的パラダイムのもとで、性別役割分業は「機能的」として理論的に正当化＝正統化されたし、夫婦の離婚は逸脱と見なされた。当時は量的に「標準モデル」

の家族が多かったからそうした理論が妥当だった、という主張は退けられるべきだろう。理論において量的な多寡はあくまでも二次的な評価規準であり、重要なのは現実の複数性をどのような認識枠組で概念化するかの問題である。もし一九七〇年代頃の日本の家族がすべて「標準モデル」であったかのように感じるのであれば、それは眼前の家族が一様であったからなのではない。一様であるかのような色眼鏡で家族を見ていただけだ。

近代家族論が社会学にもたらした最大のインパクトは、家族の普遍性の否定であった。マードックの核家族普遍説が人類学の内部から否定されたように、パーソンズが定式化した機能面での家族の普遍性は、これによって社会学の内部からも明確に否定されるようになってゆく。「近代家族」というネーミングには、「今・ここ」の偏りを自覚し、己の体験の素朴な特権視を戒める社会学的な視線が刻印されている。

価値自由のまなざしをもって日本の家族の近代性を分析することで、「今・ここ」ならではの問題点がどのような経緯で生じたのかを詳細に明らかにし、必要な対応策を考えること。近代家族論の蓄積を経た現在、それこそが今後の社会学に求められる課題ではないかと思う。

4 これからの家族はどうなっていくか？

†「個人化」と「多様化」の議論

それでは、近代社会における家族は、今後どうなっていくのだろうか。

近年の家族研究においては、近代家族的な「標準モデル」に当てはまらないさまざまな家族への注目が進み、個人化と多様化が指摘されている。

ドイツの社会学者ウルリッヒ・ベックは、再帰的近代化が進行した「第二の近代」における社会と個人の関係の構造的な変容を「個人化」として概念化し、その典型例のひとつとして家族を挙げた（ベック 1998, Beck & Beck-Gernsheim 2002 など）。ベックによれば、第二の近代において、社会は産業化によって自らが生み出したさまざまな社会問題に再帰的に対処する必要があるため、社会それ自体がリスクとなる（リスク社会の到来）。それに伴って、国家や階級や家族、性別役割といった従来の制度は解体し、さまざまなリスクや社会的矛盾への対処法は個人によって直接選択・決定されねばならなくなる。このような個人化社会において、家族は従来の制度的な拘束力を失い、「ゾンビカテゴリー」となる。欧米産業社会における家族の個人化の根拠としてよく挙がるのは、未婚化・晩婚化・少子化のほか、離婚・DINKS・事実婚・婚外子・同性婚・選択的夫婦別姓などである。これらはそれまでは認められなかったか、例外扱いされていた家族形式の合法化である。

日本では一九九〇年代後半以降の社会経済的な転換とともに、共働き世帯や離婚の増加、未婚化、晩婚化、少子化といったさまざまな現象が生じてきた。そのなかで家族の多様化が指摘され、またベックの議論を導入した山田昌弘らによって家族の個人化も論じられている。さらにこれらの議論が同時期のポストモダン論と結びつき、「近代家族は終わった」という見方も多く語られた。またジェンダー・フェミニズム研究の視座からは、性別役割分業が解体した後には家族ではなく個人を単位とする社会が出現するとして、それを「家族の個人化」といち早く名づけた目黒依子のような立場もある（目黒 1987）。

しかし、そのいっぽうで、現在の日本では近代家族的な価値観は未だ解体していないという見方もある。例えば出産・育児期に仕事をやめる女性労働者の多さや、女性の非正規雇用率の高さ、また夫の家事育児時間の少なさや育休取得率の低さといった面では、今も変化が見られない。異性愛を前提とした法律婚の制度や、強制的な夫婦同姓制度も根強く、初婚を継続していない家族が直面するさまざまな社会的不利益も消えていない。こうした状況を勘案すれば、近代家族型の性別役割分業を前提とする社会のあり方が、根本から変化したとはいいがたい。

また個人化の証左とされている現象にも、慎重な解釈が必要である。例えば離婚の増加は、従来の価値や規範の解体のみを一義的に意味するとは限らない。たしかに離婚でひとり親になることは性別役割分業の履行不可能性につながるが、離婚の際に子どもが母方に引き取られる割合はこの六〇年間もっぱら増加しつづけている。これは母親の経済力の脆弱さよりも母性という価値のほうがはるかに重視されるようになった、近代家族的な心性の証左とも読みうる。

このような現代の日本において、個人化や多様化は本当に起きているのだろうか。もし仮に起きているとすれば、それはどのような水準で起きているのだろうか。

†家族＝親密性の時代へ

ここで家族の変化にまつわるもうひとつ別の論点を見てみよう。それは近年の親密性の価値の高まりに関する諸議論である。

イギリスの社会学者アンソニー・ギデンズは、社会がそれ自身から生起した諸問題に対して反省的な自己修正を繰り返していく再帰的近代においての、親密な関係性の再構築について論じた（ギデンズ 1995）。ギデンズによると、自己決定の要求が強まった後期近代においては、男女間の支配－権力関係と結びついた「ロマンチック・ラブ複合体」としての親密性は終焉を迎え、対等な立場で能動的かつ偶発的に結びつきあう「コンフルエント・ラブ」としての親密性へ変容する。ゆえに後期近代の親密性は、もはやジェンダー不平等な権力によって「歪曲」された関係ではなく、束縛から解放された、自己準拠的な、「純粋な関係性」となる。この「純粋な関係性」は夫婦関係をモデルに析出された概念だが、親子の親密性にも適用可能なものである。後期近代ではさまざまな領域で親密性が変容し、個人生活の民主化へとつながっていく。以上がギデンズによる見通しである。

†子ども中心主義のいっそうの強まり

こうした親密性の価値の高まりは、現代日本の実証分析でも報告されている。特に子育てについての研究を見ると、近年の家族においては子ども中心主義の傾向が強まっているとする見方が多い。

例えば教育社会学者の広田照幸は、一九七〇年代頃から「教育する家族」の心性がかつてないほど強化され、家族が子どものしつけに情熱を注ぐ傾向が強まったと指摘する（広田1999）。実際に一九七〇年代半ば以来、現代の不況期に至るまで、家計の消費支出に占める教育費比率は増加しつづけており、家族が子育てに注ぐ労力は増大している。また質的な面でも、母子のコミュニケーションや子どもへの配慮がいっそう強調される傾向が見られる。家族社会学者の品田知美は育児書の通時的分析から、社会的に推奨される育児法が一九八〇年代に大転換し、徹底した子ども中心のペースで行われるものになったと指摘する（品田2004）。教育社会学者の本田由紀によれば、一九九〇年代半ば以降、国の教育政策においても、より広い社会的な関心においても、家庭教育の重要性は一段と強調されるようになった（本田2008）。「社会生活基本調査」の生活時間のデータを見ても、二〇〇〇年代以降、共働き世帯でも専業主婦世帯でも、妻の育児時間は増加しつづけている。特に、子育てに没頭する傾向は高学歴の母親で最も強いことが、いくつもの調査で明らかになっている。さらに、筆者はかつて新聞の悩み投稿欄を通時的に分析したが、離婚が増加した現代においても、離婚時に「子どものため」という配慮を語るものは非常に多い。また家族の関係性を問題化する語りを見ると、一九八〇年代頃からはただ愛情があるだけでは足りず、コミュニケーションの質を突きつめるべきだとする傾向が、はっきりと認められる（野田 2004、2008）。

†母性概念そのものの規範性

このように、親密性や子どもへの配慮について、家族への要求水準は近年むしろ増大している。特に日本では家事や育児といった再生産労働の担い手は今もほとんどが女性であるため、こうした動きは実質的には、母性を強調するまなざしと不可分である。家族の親密性の価値は、特に子育てや母性の価値は、今も社会的に強調されつづけているのだ。

ただし、このような子どもをめぐる親密性や母性の論理について、ギデンズの見方は肯定的である。ギデンズは近代における母性概念の創出を「平等主義的子育ての出現」と見なし、家父長的な権威とは異なる対等で民主的な関係性の現れと取る。そして後期近代では母性概念の拡大によって親子関係もまた純粋な関係性へと近づき、対等化や民主化が進むのだと好意的に論じる。

しかしギデンズの議論は、母性の概念それ自体が有する規範性や拘束性を軽視しすぎたきらいがある。例えばフェミニズム社会学においてはこれまで、母性という価値そのものに内在的にはらまれた支配と権力のメカニズムが詳細に解明されてきた。上野千鶴子が指摘するように、近代家父長制における女性支配は、同じく近代の発明である「家族愛」と「母性」の論理によって歴史的に正当化されてきたのである（上野 1990）。また田間泰子は堕胎と子殺しの言説分析を通じて、愛情深く犠牲的であるという母性の概念そのものに、「母」の加害者性や他者性を隠蔽・忘却させる効果があったことを明らかにした（田間 2001）。心理学者の信田さよ子も、一九九〇年代以降の臨床現場の事例から、母性愛の論理が母による娘への支配を正当化していることを指摘する（信田 2008）。

そもそも現在でも法律婚制度が強力な日本では、ギデンズのいう夫婦関係の「コンフルエント・ラブ」さえ妥当しない。現代の日本で親密性の価値が増大していることは確かだが、それを「純粋な関係性」とみなすことも、制度や規範からの自由とみなすことも、実際には困難なのではないだろうか。

†現代の日本をどうとらえるか

一九八〇年代以降、現在の日本においては、共働きの増加や離婚の増加、未婚化・晩婚化、少子化など、現象面でさまざまな変化が起きている。これらは確かに家族の個人化や多様化の証左と見なしうるかもしれないが、同時に家族という枠組そのものについては想像以上に変化が見られず、近代家族的な状況が根強くつづいてもいる。

まず、男性稼ぎ主型の家族モデルや母性愛の規範は今も効いており、社会的には性別役割分業が前提となっている。そもそも日本では女性の雇用労働化が女性労働の周辺化と同時に進行したため、共働きの増加が現実にもたらしたのは、女性のいっそうの非正規労働化であった。さらに正社員においても賃金や昇進の男女格差は今も消えていない。こうした構造的な理由もあって、男性に経済責任を求める意識は今も強烈で、出産した女性労働者の退職率はここ三〇年間変わっていない。山田昌弘が論じるように、未婚者のうち九割が結婚を希望しているにもかかわらず未婚化が改善しない理由もここにある。性別役割分業を前提とした家族生活を企図しているから、不況と低成長の時代にはその高すぎる条件を満たす相手が希少化し、未婚化が進行するのである。

また、もし仮に性別役割分業が今後解体したとしても、家族の自助原則そのものが変化する兆しは見られない。とりわけ日本は欧米に比べて近代化が急速に進む「圧縮された近代」を経験したため、十分な福祉国家を築くだけの猶予がないまま、家族に福祉責任を丸投げする家族主義的福祉が制度化された。ここでは貨幣費用と現物費用の両方の責任が、家族に一極集中することになる。

さらに先述のとおり、子ども中心主義や母性といった家族の愛情規範については、既存の価値の解体ではなく、むしろ徹底化の方向に進んでいる。また家族を外の世界から隔絶された私的領域とみなす観念も健在である。山田昌弘が整理した近代家族の三つの基本的性質は、現在の日本にも当てはまる。家族の理想形に関する社会的な認識枠組や諸制度は、引き続き近代家族的な前提に依っており、社会の成り立ちそのものの水準で近代家族が解体したとはいいがたい。

†現代日本における「家族の個人化」とは

では、現在の状況については、どのような解釈が可能だろうか。

結論からいうと、おそらく近年の家族の変化については、近代家族規範の解体というよりも、一九九〇年代後半頃から社会経済的な状況が大転換したにもかかわらず、家族にまつわる社会的な価値観や制度が従来のままであるがゆえに、現象面で近代家族的なあり方を実行できる人が少なくなったことによる変化と見るべきである。

まず不況と低成長の時代の到来により、現在、男性稼ぎ主モデルには明らかな限界が来ており、夫の片働きのみで家計を維持できる世帯は希少化している。また賃金労働の環境は過酷化しつつも、家事水準は下がらず（品田 2007）、育児水準はむしろ上がるため、女性労働者にとっては仕事と家庭の二重負担の厳しさが増す。「仕事か家庭か」の極端な二択が、構造的に強いられた状態ともいえよう。さらに家族の親密性の価値が増大し、プライバシーの観念も強固で、福祉制度も家族主義的であるため、外部からの介入／援助が欠如した状態で家族への要求水準が上がりつづけるという事態が起こる。家族の負担は過剰化し、受け入れ能力を超えがちになる。育児・介護ストレスの増大は著しく、家族の内部では負担の重さに悲鳴をあげている人も多い。このような状況下では、社会的・経済的資源を持たない人は、たとえ望んでいたとしても家族を作ることが困難となる。また負担そのものを避けたいと願い、家族づくりを回避することも、合理的選択となるだろう。

現代の日本では実践が困難になっているにもかかわらず、社会的な制度も規範も近代家族を前提としつづけている。家族をもつ人びとの意識と実践のなかでも、近代家族的な理想は消えていない。近代家族的な生活をすることが可能な人たちだけが、近代家族的な生活を目指し、実行できる、そんな社会となっているのかもしれない。しかし、そうした生活をしたくない・できないという人ももちろん存在しているわけで、それが家族の生活階層の二極化や、近代家族的な生き方からの大量離脱へとつながっている。今、個人化や多様化として名指されているのは、そうした状況なのだろう。

現在の日本で起きている家族の個人化とは、喩えるならば、品揃えがあまりにも極端に少ない店で、お気に入りの服を選べと強制されているようなものだ。「これしかない。このなかから絶対に選ばなければならない」と呟きながら手を伸ばす、まさに苦渋の選択である。しかし個人化社会の重要な点は、どんなにダサい服しか選べない状況でも、それが本人の趣味嗜好や選択の結果として本人にのみ帰責され、品揃えの不備や店の責任が問われないことだ。ポーランド出身の社会学者バウマンが個人化社会について批判したように、起こっているのはまさに責任の個人化と、社会問題の脱・社会問題化なのである。

現在を特権化するまなざしについて

ここでもう一度、ギデンズのいう「純粋な関係性」について考えてみよう。後期近代において重視されるようになった親密性はかつての規範的な親密性とは違うということを、ギデンズは論じているが、本当にそれらは違うのだろうか。

少なくとも現在の日本では、家族の自助原則と愛情規範は、社会的・制度的に根強く見られる。特にケアの責任は家族に一極集中していて、アメリカの法学者M・ファインマンの用語を借りれば、日本の家族は今もなお「積みすぎた箱舟」のままである。だがこの社会構造的な問題は、近代の「家族愛」や「母性」の論理が強調されつづけるなかで、それぞれの家族のプライベートな問題として解釈され、個人化され、脱・社会問題化されている。

このような社会状況のなかでは、親密性の位置づけも考慮しなおす必要があるだろう。近代家父長制における女性の家庭への閉じこめと従属化が「家族愛」や「母性」の論理で正当化されたように、現代における家族への責任の一極集中と社会問題の脱・社会問題化もまた、「家族愛」や「母性」の論理によって正当化され、下支えされ、不可視化されているのではないだろうか。

この点については今まで指摘されてこなかったが、ギデンズのいう親密性の価値の増大が、個人化社会における社会問題の脱・社会問題化を、むしろ推し進めてしまう側面を持つことは、ひとつの理論的可能性として強調しておきたい。近年の家族社会学においては、個人化的な現象と近代家族的な現象が同時に観察されることが矛盾として問われることもしばしばあるが、上記のようなとらえ方をすれば、個人化と近代家族は必ずしも矛盾しない。プライバシーと親密性の規範を媒介にすることで、両者は並存し、さらには共犯関係にすら立ちうるのである。

その意味では、家族の親密性とはまさしく現在の個人化社会に不可欠な、正当化のための言説資源であり、制度であるともいえるだろう。穿った見方をすれば、ギデンズの理論は自らが体験している「今・ここ」の親密性だけを規範から自由な「純粋な」関係性として特権化する姿勢とも読みうるが、しかしその特権化が妥当であることの具体的な根拠は、現代日本社会の動向を見る限りでは、存在しないようである。

また、欧米産業社会の変化から家族制度そのものの解体や揺らぎを論じるベックらの家族論も、そのまま現代日本社会に適用させるのは、いささか早計であるかもしれない。既に見たように、家族の情緒性や親密性にまつわる近代的な価値や規範はむしろ強まっており、脱・社会問題化の論理として容易に動員されうる。近代家族の規範は、価値自由という色眼鏡への反省をもすり抜けるかたちで、今も生きており、解体したとはいいがたい。

†再び価値自由のまなざしから

最後に、以上の議論をふまえて、近年指摘されている「家族の多様化」についても、冒頭で触れた価値自由のまなざしから考えなおしてみたい。

既に述べたように、近代家族的な家族のかたちが一般化した一九六〇～七〇年代の日本においても、現実にはそれ以外の家族形式は存在しつづけていた。家族は近年初めて多様化したのではなく、現象面では常に多様であった。そのいっぽうで、既に確認したとおり、一九八〇年代以降の日本においても、家族の愛情規範やプライバシーや自助原則は、規範的・制度的な水準で根強く残る。つまり、現象レベルでの多様性と、規範・制度レベルでの近代家族性が同時に観察できるという状況自体は、一九七〇年代においても現代においても同様なのである。

しかも、そもそも現代の日本では、家族にまつわるすべての多様性が等しく許容されているわけではない。事実婚や夫婦別姓への社会的・制度的非寛容は未だに強く、ひとり親家庭の社会的不利益は一向に改善されない。稼得責任を果たさない男性は結婚対象として避けられがちだし、母性役割を果たさない女性への負のサンクションも強烈である。近年許容されるようになった「多様性」とは、親密性の規範に合致する範囲においてのみ許容されているのではないだろうか。例えば愛のない夫婦の離婚や「できちゃった婚」などに社会的な理解が得られるようになったのは、親密性や母性の規範に合致するからだとも考えられる。未婚シングルであることへの許容度の上昇も、愛のない結婚を強制すべきではないという社会的意識の高まりと無関係ではないだろう。

社会学者の佐藤俊樹によると、近代社会はずっと「近代の解体」「共同体の解体」を語り続けてきたが、百年以上言い続けている時点で「解体」の意味価は変わる。自分が経験している現在の変化こそが特別重要なのだという素朴な主張は、単なる「今・ここ」の特権視に他ならない（佐藤2011）。この指摘は、ポストモダン論の流行以来三〇年ほど語られつづけている「近代家族の解体」や「家族の多様化」言説にも当てはまるように思う。一つひとつの現象を丁寧に追いかければ、現代の日本で近代家族的な規範や制度が失効したとはいいがたく、また現在の家族が古代や中世・近世の家族と比べて特別に多様だとも認めがたい。現象レベルでも価値・規範レベルでも、現在の家族が過去のいかなる時代の家族よりも多様だといえる根拠はなく、現在の多様性だけを素朴に特権視することはできないはずだ。

†親密性の規範をとらえかえす

家族社会学者の渡辺秀樹は、家族の多様性を論じる際には「選択肢の拡大としての多様性」と「状況制約的な多様性」の二種類を区別すべきであると指摘した（渡辺 1995）。また、同じく家族社会学者の稲葉昭英らによると、一九九〇年代後半から二〇一〇年頃にかけて生じた家族の形態面での変化の多くは、「旧来の家族についての考え方が維持されたまま、その実現が難しくなった結果」としての変化である（稲葉ほか 2016）。

こうした知見から考えても、やはり先述したとおり、近年の家族の多様化は、近代家族の解体というよりは、生活格差の広まりとしてとらえたほうが妥当であると思う。ただし親の階層が子どもの階層に影響するという事態は、戦前にはごく一般的であったし、今の格差だけが歴史上特別にひどいのだという考え方は慎むべきだろう。階層の世代間移動が増大した戦後の高度経済成長期こそが、むしろ特殊だったのだとも考えられる。

だからもし仮に現代ならではの格差の特徴を挙げるとすれば、それは格差が個人に帰責され、脱・社会問題化されるという現象にこそある。そしてこの脱・社会問題化の構造を下支えしているのは、近代家族のプライバシーと自助原則と愛情の論理ではないかと思う。

親が子どもにコストをかけることは、社会的資源の多寡や不平等の文脈ではなく、個々の親の愛情として解釈される。子育てや介護にかかるコストは家族のみの責任とされ、家族愛や母性愛や夫婦愛の論理によって正当化される。それが個人への帰責を正当化し、可能とし、推し進めている。

今問われるべきなのは、現代の「多様性」のなかに見え隠れしている社会的な課題を脱・社会問題化させてしまう、家族の親密性の規範のほうではないだろうか。

第6章

社会調査論

佐藤郁哉

1　フィールドワークとはなんだろう？

†フィールドワークの報告は、はたして科学レポートか?!

最初にいきなり言葉の意味から始めてしまうと、フィールドワークは次のように定義できます。

調べようとする出来事が起きるまさにその現場（フィールド）に身を置き、そこに住む人々と出来事の体験を共有し、現場に流れる時間のリズムやテンポに身を添わせることを通して、調査地の社会と文化をまるごと理解し、またそこに住む人々を理解しようとする作業（ワーク）とその方法。

『フィールドワーク』（新曜社　一九九二）という本を書評してくださった無藤隆先生（白

梅学園大学）の表現をほとんどそのまま使わせていただきました。実にたくみに大切なポイントが押さえてあるので、私もいろいろなところでこの定義を使わせてもらっています。

さて、このようなやり方の現場調査をして書きあげられるフィールドワークの報告書――エスノグラフィー（民族誌）と言います――には、よく次のような文章が出てきます。社会学的民族誌の古典のひとつであるウィリアムフート・ホワイトの『ストリート・コーナー・ソサエティ』[*1]からの引用です。

アレックは女の子の前ではよく自分の腕前の自慢をするのだった。ドックは全然気にとめなかったが、他の若者たちはアレックの性根をたたきなおさなくてはならないと考えていた。四月のある晩、みんなにからかわれていたアレックが、ドックの言葉じりをとらえてつっかかってきたという。「あんたは色男らしいがね、その実力のほどを見せてもらいたいもんだ。」おれはこう言い返した。「アレック、おれはおまえのようにハンサムでもなければ、おまえとは髪かたちも違う。だがいつでも相手になってやるぜ。」アレックはこう言った。「いやいやごめんだね。」おれはさらに「なあ、アレック、おれはみなより年上だよ。だからおれの実力を示すために、女を男から引きはなすのは趣味にあわねえ。」

するとダニーはこう言った。「ドック、それはちと調子よすぎると思うがな。」
ウィリアムフート・ホワイト『ストリート・コーナー・ソサエティ』(寺谷弘壬訳　垣内出版　一九七四　一三九〜一四〇ページ)

これは、はたして社会「学」の文章といえるでしょうか？　この文章のどこに『社会学事典』なり『社会学辞典』などを引かなければわからないような難しい用語があるでしょうか？　また、どこにウェーバーやデュルケムという大学者の名前が出ているでしょうか？　『ストリート・コーナー・ソサエティ』には、そのような「ビッグ・ネーム」や専門用語のかわりにドックとかアレックという街の兄《あん》ちゃんたちの名前、そして彼らがふだんの生活で使っている話し言葉やスラングがひんぱんに出ているのです。

社会学の調査法のひとつとしてフィールドワークをどう考えるのか、という問題は、とりもなおさず、このような文章をどう考えるのか、という問題にほかなりません。つまり、これを科学的なレポートの一節として考えるのか、それとも、ルポルタージュや探訪記事あるいは小説のようなジャンルの文章であり、文学的な価値は多少はあるかもしれないが、科学レポートとしてはまったく認めないという立場をとるのか、という問題です。

これは、非常に興味深くまたとても大切な問題なのですが、はじめから白黒をはっきりさせようというのはあまりにもせっかちな話です。ここではまず、最初にあげた定義とこの文章の文体を頭のどこかの片隅にでも置いて、少しまわり道もしながらフィールドワークという作業とその方法について考えていきましょう。

†社会学者には、「理論屋」と「調査屋」がいる！

まず「フィールドワークとは何か？」という質問に答える前に、社会学という学問のなかでフィールドワークがどのような位置づけにあるのかということをはっきりさせておく必要があります。

さらに本来ならば、そのためには、はじめに「社会学とは何か？」という問題に答を出さなければいけないわけですが、これは、簡単には答えられない大きな問題です。なにしろ、社会学という学問がカバーする範囲を決めようという領域規定の問題がそれ自体、社会学のひとつのサブフィールドになっていたくらいですから、ここでその問題に決着をつけるのは、もともと無理な話なのです。ですから、ここでは、少し視点を変えて「社会学者は何をやっているのか」あるいは「社会学者はどういう仕事をしているのか」「社会学者とはどういう文章を書く人たちなのか」というような問題について考えることから話を始めてみようと思います。[*2]

こういうときに便利なのは、「何々屋」という言葉です。他の学問分野と同じように、社会学という学問も細かく専門分化していますが、「何を研究の対象にするか」という視点からの分け方――たとえば、家族社会学、都市社会学、犯罪社会学というような分類――ではなくて、「どういうやり方で研究するか」という観点から大きく分けて、「理論屋」と「調査屋」に二分できます（ずいぶん乱暴な分類かもしれませんが、ここでは話をわかりやすくするために、とりあえずこうしておきます）。

†理論屋の特徴

理論屋というのは、またの名を文献屋とも言います。「文献学」の専門家というか「本の虫」と言ったほうがわかりやすいかもしれません。この人たちが主にやるのは、古典とされている大学者の文献や同時代の研究者のなかでも高い評価を受けている学者の理論を詳しく調べて解説したり補足したりする仕事です。なかには、それらの偉大な学者たちの理論を縦横に使いこなして自分なりの新しい理論を作っていく人たちもいます。また、特定の問題、たとえば都市問題とか家族の問題について、それまで出されてきた理論を検討したり、誰か他の人が行なった調査の結果を使って自分なりの理論を作る場合もあります。

こういった仕事をしているわけですから、当然この理論屋たちの書く文章には抽象的な学術用語あるいは有名な社会学者や哲学者の名前が頻繁に出てくることになります。表1の三つの事例を読んでみてください。このように社会学史によく登場するウェーバーやデュルケム、マルクスやジンメル、わりと新しいところではルーマンやハーバーマス、あるいはブルデューといった人名が一方にあって、他方には「合理性」「社会化の形式」「物象化」「実践」というような専門用語がひんぱんに出てくるというのが、この人たちの書く文章の目立った特徴です。社会現象について数学的なモデルを作ることを専門にする数理社会学という分野の理論屋の場合は、これに数学記号や数字が加わることになります。

†調査屋にはふたつのタイプがある

理論屋が図書館や自分の書斎あるいは研究室の中で文献と格闘しているのに対して、調査屋は、社会現象の現場からデータや資料を集めてそれを分析したり解釈する仕事に取り

表１　理論屋の文章から

社会構造の諸要素の経験的集群（empirical clustering）についてこれまで考察してきたことの含意によれば、社会は一定の機能的緊急事態（functional exigencies）に支配されており、この緊急事態がなければ、既知の範囲の現実の社会構造がその構造的構成要素の順列・組み合わせの無作為の取り合わせに起因するもののなかの一小部分にすぎない、という事実を説明することができない。

タルコット＝パーソンズ『社会体系』（佐藤勉訳）1974

したがって、変数 X_1（上図には X_1' として示した）に対して外部的な変化を導入することは、その変化の導入後の Y の測定においては $X_1' A_6$（$A_1A_2+A_3$）となるだろう。この合成作用因 A_6（$A_1A_2+A_3$）は X_1 から Y への「グラフ・トランスミッタンス」と呼ばれる。

アーサー＝スティンチコンブ『社会理論の構成』1968

それゆえ、アーベルやハーバマスのような、解釈学の影響を受けた何人かの現代ドイツの哲学者や社会思想家が（フランスのリクールとともに）、解釈学的哲学における今日の動向と、他方、英国の哲学者の著作にみられる、「ポスト・ウィットゲンシュタイン派」哲学を発端とした論理経験主義からの断絶との、思惟の収斂を容認していることは、とくに興味深い現象である。

アンソニー＝ギデンズ『社会学の新しい方法規準』（松尾精文他訳）1987　而立書房

組んでいます。

この調査屋には、大きく分けてサーベイ屋とフィールドワーカーのふたつのタイプがあります。もっとも、フィールドワーカーのことだけを（狭い意味での）調査屋と呼んでサーベイ屋と区別することもあるので、ここで簡単に図にして整理しておくと図2のようになります。

図2　社会学者のタイプ

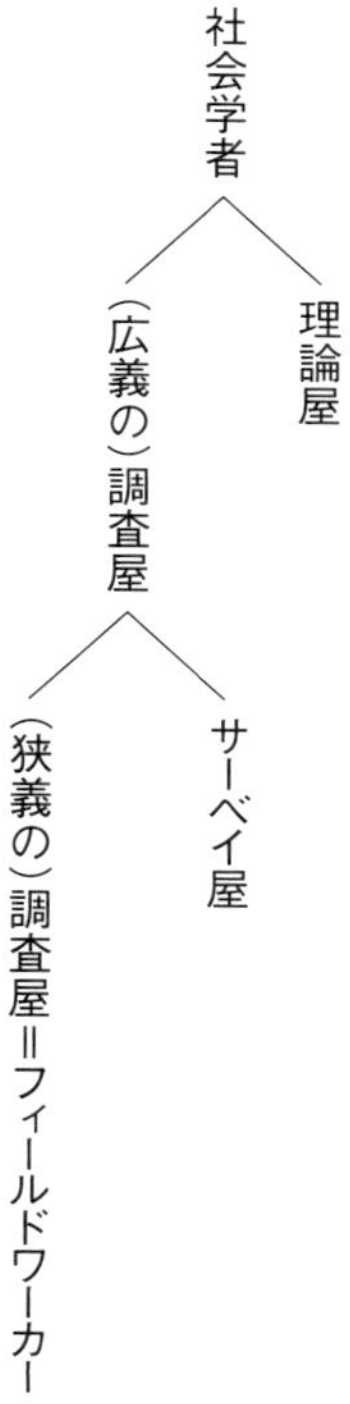

†サーベイ屋の仕事は「数の勝負」！

調査屋のうちのサーベイ屋は、またの名を「アンケート屋」と言います。「調査」というと、もっともポピュラーなイメージは、紙と鉛筆（paper and pencil）式のアンケートや世論調査でしょう。まさしくそういう種類の社会調査をするのが、サーベイ屋の社会学者の仕事です。どういうわけか日本では何か質問を書いた紙のことをアンケートと言いますが、英語圏では「クエスチョネア（質問紙）」と言うのがもっとも一般的です。そして、このクエスチョネアを使って行なう調査と、調査員が街頭や戸口で質問票を持って対象者の答を書き込んでいくというもうひとつのやり方を総称して「サーベイ」と言います。

このサーベイ屋の仕事は、ふたつの意味で「数の勝負」です。まず、サーベイ屋はかなり多くの数を対象にして、そのなかからサンプル（「標本」とも言いますが）を選んで、アンケートなり質問票を使ってデータを集める必要があります。新聞などに「二十代以上の男女三五〇〇人にアンケートを実施し……」という記事が出ていると、対象者の数の多さに圧倒されてついその調査を信用してしまいますが、これは、調査屋が数の勝負をうまくクリアした例と言えます。

もう一方で、そうやって手に入れたかなり多量のデータを集計したり解析する段階での数の勝負もあります。つまり、サーベイ屋は、膨大な数のデータをいかに迅速かつ洗練されたやり方で数値に置き換えて表現するかという点に勝負をかけます。たとえばある社会政策に関して、どれくらいの人が賛成でどれくらいの人が反対の意見をもっているかというような点に関して、その比率をパーセントで表すというのは、よく見かけるやり方ですね。

サーベイ屋の場合は、もっと詳しく、ある問題に関して「ハイ」と答えた人のうち、どれだけの人が別の問題に関して同じように「ハイ」と答えて、そのうちでも男はどれくらいで女はどれくらいか。また、年齢別に分けてみたらどうなるかなど詳しく見ていきます。さらにまた、その男女差や年齢差はどのような意味をもっているかというような問題について、統計のテクニックや数理的な考えを駆使し、高性能のコンピュータを自在に操って綿密に分析していきます。ですから、サーベイ屋にはよく「ナンバー・クランチャー（パチパチ、カタカタと音を立ててもっともらしい数字をひねり出す人）」というあだ名がつけられます。

こういう仕事をするサーベイ屋の書く文章には、当然、数字がいっぱい出てくるということになります。小数点以下の数字まで書いてある場合も少なくありません。そのほか、その数字を並べた表や、それをさらにわかりやすく表現したグラフや図、また分析の結果を模式図の形に表したものもよく出てきます。見慣れないギリシャ文字のような記号（ϕ、λ、θなど）をたくさん使ったいかにも難しそうな数式や方程式が出てくることもよくあります。そういうわけで、サーベイ屋の書いた文章を読むと、次のようにも思えてきます――「何が書いてあるかよくわからないけれど、どうやら常人には簡単には理解できないことをやっているらしい。文科系の学問というよりはむしろ物理学や数学という理系の学問に近い科学的な仕事をしているらしい」。

†フィールドワーカーは得体の知れない存在⁉

さて、いよいよフィールドワーカー（＝狭い意味での調査屋）の番です。フィールドワーカーというのは、はたから見ると、いろいろなタイプの社会学者のなかでももっとも得体《えたい》の知れない存在かもしれません。彼が一日の大半の時間を費やしてやっていることといったら、理論屋のように本を読むことでもなければ、サーベイ屋のようにアンケートを配って回収したり、そのデータをコンピュータにかけて分析することでもありません。

フィールドワーカーは、調べようと思っている地域の人々の中にまじって生活し、いろいろな活動に首をつっこんだり、ときにはその一員として参加したりしているのです。ときどきテープレコーダーを持ってインタビューをすることもありますが、これだけではインタビューでデータを集めたりもするサーベイ屋の仕事と区別がつきません。何といっても、フィールドワーカーの本領は、対象者と一緒に生活をし、その体験をもとにして報告をまとめるというところにあります。この調査のやり方を「参与観察」といい、その報告書が前にあげた「エスノグラフィー（民族誌）」です。

ただし、この体験報告という点からすると、たしかにフィールドワーカーである調査屋は他のタイプの社会学者とは区別できるかもしれませんが、今度は、ジャーナリズムや文学とフィールドワークとの区別がつきにくくなってきます。実際、フィールドワーカーの書く文章には、小説やルポ記事を思わせるようなものが多いのです。

それでは、エスノグラフィーというジャンルの文章をもういちど、今度は私自身が三〇年ほど前に書いた暴走族についての民族誌の中から見てみましょう。

夏、深夜、道路に面したゲームセンターの入り口の前、〝ヤンキーすわり〟で、五、六人の若者が赤い乗用車の周りにタマっている。……そこへ、同じような風体の五人連れの若者が通りかかる。〝ヤンキーすわり〟をしていた若者の中の二、三人が眉根を寄せ、通りかかった若者たちの方に、ねめあげるようにして視線を向ける。通りかかった若者たちの中の二、三人がこれに対して、同じように、眉根を寄せ、左の眉をつりあげて応じる。通りかかった方の残りの者もすぐこの応酬に気づき、立ち停まり、一瞬双方のグループの動きが止まる。

まもなく、しゃがみこんでいた者たち全員が立ちあがる。視線の応酬をしていた者の中の一人が叫ぶ――「誰（を）見てんねんっ！」

佐藤郁哉『ヤンキー・暴走族・社会人』（新曜社　一九八五　一五二～一五三ページ）

京都の「ヤンキー」たちの間で、メンチを切る（＝ガンを飛ばす）状態からケンカが始まる寸前のシーンを描写した箇所ですが、はたしてこれは社会学と呼べるでしょうか。この文章には、「物象化」や「行為類型」というような社会学特有のジャーゴン（隠語としての学術用語[*3]）は出てきません。その代わりに出てくるのは、「ヤンキーすわり」や「メンチ切る」といった暴走族やヤンキー少年のスラングなのです。

また、エスノグラフィーには、サーベイ屋が書く文章に出てくるような数字もグラフも表も滅多に出てきません。たまに図が出ていても、せいぜい調査地の地図だったり、登場人物の人間関係を示す図があるだけです。一目見ただけではまったく意味がわからない方程式や数式などまず出てきません。こうしてみると、フィールドワーカーが書く文章は、誰にでも読めるだけでなく、べつに専門家でなくても誰にでも書ける程度の文章ではないかと思えてきます。

もういちど同じ質問を繰り返しますが、はたしてこれは理論屋やサーベイ屋のやっている仕事と同じように社会「学」と呼べるでしょうか。理論研究やサーベイ調査に比べると、フィールドワークというのは、「学問性」や「科学性」という点で相当見劣りがする仕事のように思えてこないでしょうか。さらに、次のような疑問もわいてくるかもしれません。

- エスノグラフィーというのは、科学的な文献というよりは「物語」、もっと言ってしまえば、「お話」に近いのではないか？
- フィールドワークというのは、学問というよりは「芸」に近いのではないか？
- 体験報告だと主観的であることを免れず、結局、科学とは言えないのではないか？

実際、このような、フィールドワークという調査法の科学性に対する疑問は、フィールドワーカー以外の社会科学者だけでなく、当のフィールドワーカーたちの間からもこれまでなんどとなく出されてきたものなのです。

2 フィールドワーカーは理論屋やサーベイ屋とどう違うか？

†サーベイとフィールドワークの違いは何か?!

フィールドワークという方法がどれだけ社会調査の方法として信頼できるものであるか、という問題について考えるときには、これを、一般の「科学」のイメージにはるかに近いサーベイと比べて見るとわかりやすくなります。とくに、前に紹介したサーベイの強みであるふたつのタイプの「数の勝負」に関連する次のふたつの点からフィールドワークとサーベイを比較してみると、問題はハッキリしてきます――①扱える対象の数、②モノサシとしての性格。そして、そうやって比べてみた結果明らかになるのは、フィールドワークは決して社会調査の方法として信用できないものではないということです。

†サーベイは「浅く広く」、フィールドワークは「深く狭く」

まず、第一番目の数の勝負、つまり扱える対象の数という点から見ると、明らかにこれはフィールドワーカーの完敗です。アンケート調査では数千、場合によってはそれ以上の数の地域や人々を調査の対象にするのに対して、フィールドワークというのは、ふつう、せいぜい百数十人あるいは多くても三カ所か四カ所の地域の調査ができるだけにすぎません。たった一カ所の地域やひとつのグループだけを調べて報告書を書くこともざらにあります。こうしてみると、事例の数だけをもとにして判断すると、たしかにフィールドワークというのは、一般性という点で実にあてにならない方法、つまり「単なる事例研究」のようにも見えます。

こういう、フィールドワークとサーベイの関係についての一般的なイメージを図に表すと図3のようになります。つまり、より多くの対象を調べれば、ただひとつのケースにあてはまることだけでなく、ずっと多くのケースにあてはまる事実がわかるし、また、それだけより確実なことが結論として言えるだろう。だから、より「科学的」で客観的だろう、というわけです。

しかし、実のところ、これはまったくの誤解なのです。調査対象の数と調査の結果の一般性や妥当性に関する図3のようなイメージによる理解は、〈対象を調べること〉と〈対象**を通して**調べること〉との混同に基づいているのです。つまり、事例研究を中心にするフィールドワークにしろ大量のデータを処理するサーベイにしろ、**対象そのものを**理解しようとしているだけでなく、**対象を通して**もっと一般的な問題についての理解を深めようとしているのです。調査対象そのものの数ではなく、対象を通して調べられる事柄の数の多さやその範囲の広がりという視点から見ると、サーベイとフィールドワークの関係は、むしろ逆転して図4のようになります。

つまり、サーベイの場合に調べられる事柄と言えば、せいぜい一回や二回のアンケートで聞ける程度の項目に限られます。これに対して、現地に住みついて調査を行なうようなフィールドワークの場合は、何回も繰り返して聞くことができますし、また、違った場面や異なる時間における相手の答を聞くこともできます。当然、調べられる項目の数はサーベイと比較にならないほど多くなりますし、かなりつっこんだ内容についても詳しく聞け

図3　事例の数から見たサーベイとフィールドワーク

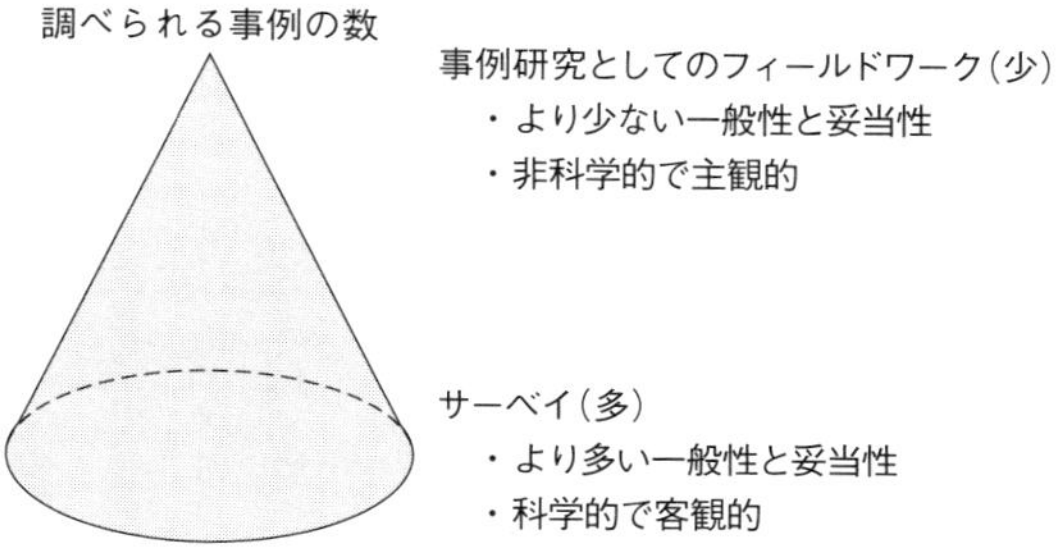

佐藤郁哉『フィールドワーク』（新曜社　1992）より

図4　調査対象となる項目の数から見たサーベイとフィールドワーク

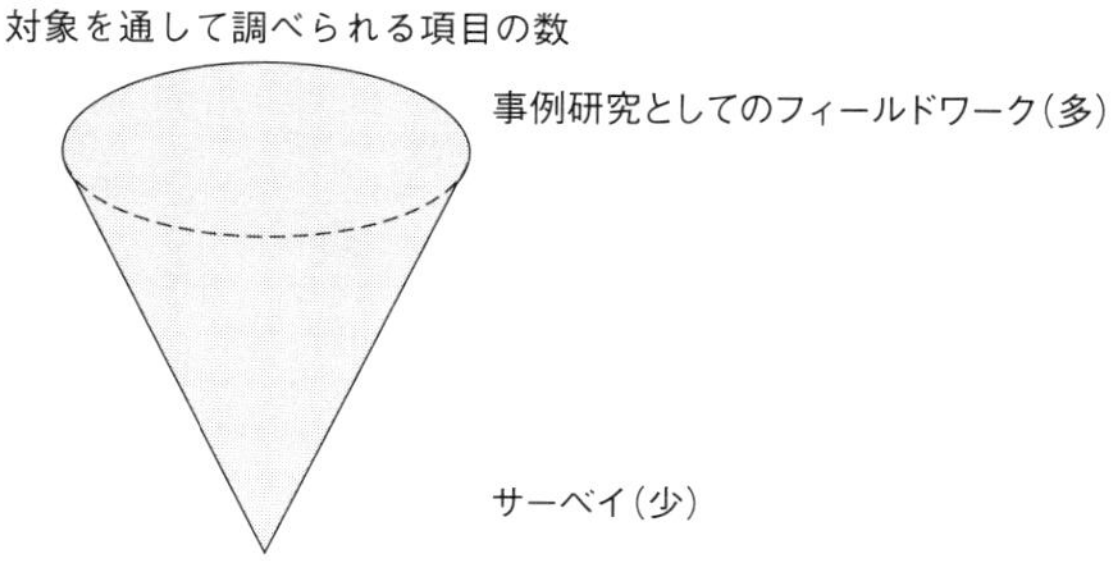

佐藤郁哉『フィールドワーク』（新曜社　1992）より

ることになります。言葉を換えて言えば、フィールドワークの側に対象に密着した参与観察という技法につきものの、少数の事例しか扱えないという限界があるとしたら、サーベイのほうには対象と間接的な接触しかもてない「遠隔操作（remote sensing）」的な方法につきものの限界があると言えます。

ひと言で言ってしまえば、サーベイが多くの対象について「浅く広く」調べるやり方だとすると、フィールドワークのような事例研究は、少ない数の対象について多くの事柄を把握し、「深く狭く」調べる方法だと言えます。西欧のたとえを借りれば、サーベイ屋がいろいろな策略を知っている「狐」のように数多くの対象について調べるとすれば、フィールドワーカーはひとつの策略しか知らないけれどもそれをうまく使う「ハリネズミ」のように、少数の事例に集中して深く理解しようとするのです。

†フィールドワークとサーベイのモノサシとしての性格の違い

さて、次は、フィールドワークとサーベイそれぞれのモノサシとしての性格の比較です。この「勝負」も、ちょっと考えただけではフィールドワーカーの完敗です。サーベイの報告書に頻繁に出てくる数字や難しそうな数式、あるいは見慣れない記号や図とグラフは、物理学や数学の世界を連想させます。また、機械がはじき出す正確な数値やプリンタがデータの数値に忠実に沿って描き出した図やグラフという印象もあります。アンケートの結果が数字やグラフで表現されると、私たちは、それが人間の主観というものをできるだけ排除した、客観的で正確なものだと思えてくるのです。

それに比べてエスノグラフィーのほうは、どうでしょうか？　サーベイの場合のような数字や数式はめったに出てきません。代わりに出てくるのは、特定の地域の生活やサブカルチャーの実態をまるで小説や探訪記事のようなスタイルで描いた文章です。歴史書を思わせるような、過去に起こったことをひたすら忠実にたどったような文章もよくあります。なかには、フィールドワークの現場でいかに苦労したかとか、どんなエキゾチックな体験をして自分の存在基盤を揺さぶられるような思いをしたか、など著者のフィールドに対する思いを綿々とつづったエッセイ調の本もあります。たまに図やグラフがあっても、それは私たちが日常よく新聞や雑誌で見かけるようなものとあまり代わり映えがしません。

こういう文章というのは、「単なる作文」ないし「単なる感想文」、つまり著者の主観的な報告であり、客観性という点ではまったくあてにならないもののように思えてきます。

第一、こういうアプローチだったら、同じ調査対象について二度、三度と調査を繰り返してみた場合、はたして同じ結果や解釈になるでしょうか。また、別の人が調査したら、ずいぶん違う結果になってしまうのではないでしょうか。このような、調査の「信頼性」をめぐる問題は、実際、フィールドワークという方法の科学性を論ずるときに常に大きな問題になってきたのです。

しかし、こういう議論というのは、「信頼性」というものと「科学性」というものを混同し、また、信頼性と「妥当性」とを区別していないことから生じていることが多いものです。たしかに、誰がやってもまた何時《いつ》やっても同じ対象の同じ状態について同じような結果が出るような技法というのは、一見実に客観的で科学的に見えます。しかし、そういう意味での高い信頼性が保証できる方法は、必ずしも調べようとしている本来の問題や対象を間違いなくとらえており妥当性がある方法だとは言えないのです。

ある方法を使ってある対象の「何か」の側面を調べようとするときに、「その方法が実際にその対象の**何か**を適切に測っているかどうか」ということが「妥当性」の問題です。「何か」を調べようと思ったときに、それを測る道具を作ってみて、何回やっても同じような数値が出たとしたら、たしかにそのモノサシは信頼性の高いモノサシだとは言えます。しかし、それだけでは、そのモノサシが間違いなくその「何か」を実際に測っているか、ということは保証できないのです。もしかしたら、まったく見当違いの「別の何か」についての数値をコンスタントにはじき出しているだけかもしれないのです。

サーベイは、集めたデータをいかに処理するかという点では、たしかにすぐれた方法かもしれませんが、フィールドワークは、〈そもそものデータが調べようとしている当の問題に間違いなく関連しているものであるかどうか〉という点について確かめるうえで非常に有効な方法なのです。つまり、〈どの問題に目をつけたらいいのか〉、また、〈誰がキイパースンであり、いちばんたしかな知識や情報をもっているか〉などという、問題設定や情報源の確定という点に関して言えば、遠隔感受のサーベイだけでは対象に密着したフィールドワークにはとても太刀打ちできないのです。

各種の情報機器が発達し、また、コンピュータをはじめとする情報処理技術がいくら進んだとしても、それに入れるデータそのものが見当違いで不確かなものだったら、まったく意味がありません。何億円もかけて機械（ハード）を揃えたとしても、それに入れるデータや機械を動かすソフトが貧弱なものだったら、そんな高価なハードは「宝の持ち腐れ」でしかないでしょう。

これまで述べてきたことからもある程度明らかだと思うのですが、サーベイとフィールドワークというのは、決して水と油のような関係にあるのではないのです。深いけれども狭いフィールドワークと広いけれども浅いサーベイを組み合わせて、問題を深く掘り下げて調べるだけでなく、その分析や解釈がもつ一般性という意味での「広さ」をめざすことができたら、こんなに素晴らしいことはないわけです。また、小説やルポルタージュのような文体で現場の出来事を生き生きと伝える一方で、統計やサーベイ・データを駆使して、そのような現場を成立させているメカニズムの規則性やその現場をとりまくより広い社会的・文化的な背景を詳細に描き出せたとしたら、調査の報告書はより説得力のあるものになるはずです。

†理論屋の仕事は、調査屋にどう関わっているか?

サーベイ屋との関係で指摘したのと同じようなことは、フィールドワーカーと理論屋の関係についても言えます。たしかにフィールドワーカーの書く文章には、理論屋が使うような難解な学術用語は滅多に出てきません。しかし、これは決して調査屋が理論化そのものを放棄しているということを意味しているわけではありません。

彼は、もちろん、先人の理論をそのまま鵜呑《うの》みにするようなことは滅多にしません。また、たったひとりの偉人の理論を後生大事に守って、それを現場に無理やりあてはめようともしません。ジャズ・ミュージシャンが俗謡やクラシックの名曲を自由にアレンジし、また、ときにはいろいろな曲のフレーズを自在に組み合わせて新しい曲を作ってしまうように、フィールドワーカーは大家の理論を現場の状況にあわせて解釈しなおし、また、ときには、さまざまな理論を組み合わせて即興的に自分なりの理論を作っていきます。適当な理論がない場合には、現場で自分の目や耳で確かめ、舌で味わい、手で触った体験をもとに、現場の事情にぴったりするような理論を自分の手で作っていきます。こういうフィールドワーカー流のやり方を「たたき上げ式」の理論化の方法と呼んでもいいかもしれません。

このようにフィールドワーカーがジャズ・ミュージシャンのようなやり方をめざすとしたら、すぐれた理論屋はクラシックの名演奏家のような仕事をしていると言えます。彼は、古典的な理論についてのすぐれた解釈を提供するとともに、自分でも現実の社会現象を理解するための枠組みを作り、また「理論」とはそもそも何であり、どうあるべきなのかについて日夜考えをめぐらし、フィールドワーカーに貴重な指針を与えてくれているのです。

よく誤解を受けるのですが、理論屋は、決して現実の社会から目をそむけて図書館や自分の書斎に閉じこもっているわけではないのです。また、本や論文という紙の材料をもとにして、これまた本や論文という紙の作品を作り出し、現実から遊離した言葉だけの閉じた世界を作るという仕事に熱中しているわけではないのです。*4

そうではなくて、その「現実」というものは、そもそもいったいどういうことを意味しているのか、というような根本的な問題を、じっくり腰をすえて考え直すための非常に大切な仕事をしてくれているのです。つまり、理論屋は、それ以外のタイプの社会学者や社会科学者あるいは一般の人々のために、社会現象を見るためのたしかな目を作ってくれようとしているのです。

ひと言で「現実」と言っても、見る人によってまったく違う見え方をすることだってあるわけです。目の前である出来事を見ている人にとっての現実もあれば、それを一歩離れてもっと長い時間の幅やより大きな問題との関係から大局的にとらえて見ている人の目に見える現実もあります。さらに、他の社会のモノサシや他の時代のモノサシをあててみれば違った見え方がするということだって、充分あるのです。

同じように、自分が関わっている現場だけが唯一の現場だと考えるのは、大間違いです。ある出来事が起きているまさにその「現場」にいた人で「自分はその現場にいたんだから、自分の言っていることが絶対正しいんだ」というような言い方をする人がよくいますが、これはとんだ心得違いです。こういうのは、安直な現場至上主義以外のなにものでもありません。

　安直な現場至上主義の姿勢でフィールドワークをしているかぎり、結局は「ホイキタ調査のでたとこインタビュー[*5]」というような程度の調査しかできないでしょう。つまり、ろくに本も読まず、また充分に下調べもしないでたまたま調査の機会が訪れたときに現場に飛び込み、出たとこ勝負でインタビューをしてしまうのです。録音テープは山のようにたまるかもしれませんが、いざそれをもとにして報告書を書くという段階になって、どうやってまとめていいかわからず四苦八苦することになるのです。

「壮大な仮説、マメな調査、最後のハッタリ」というのもあります。理論を生半可にかじって壮大な仮説を作ったうえで一生懸命データを集めたのはいいのですが、それをまとめて報告書を書く段階になって、データと理論とがうまくかみ合わないことに気づいたのです。結局、エイヤッとばかりに大上段に構えてはじめに立てた仮説からあまり代わり映えのしない、壮麗な学術用語やビッグネームだけは豊富に使った結論を最後の章でデっちあげるのです。

†制約や限界を克服するトライアンギュレーションという発想

こうしてみると、今まで便宜的に使ってきた「○○屋」という言い方は本来あまり好ましいものではなかった、ということがハッキリしてきたと思います。なにしろ、「○○屋」という言い方は、そう呼ばれている当の本人たちが自分のことを指して言うときに使うというよりは、それ以外の人たちが自分とは毛色の変わった人たちの悪口を言ったり非難するときに使うことのほうが多いのです。

実際の話、互いに「○○屋」「××屋」と呼びあうような了簡の狭い党派性と、違うタイプの専門家の間のディスコミュニケーションのふたつほど、社会科学の発展を疎外しているものはありません。

理論家が実証研究の成果を無視したり軽視して、ひたすら書物の山の中に埋もれてばかりいたら、現実から遊離した空疎な理論しか作れないでしょう。彼らは、社会についての学ではなく、「社会学についての学」、つまり「社会学・学」という砂の城を築きあげるのです。逆にサーベイ・リサーチャーやフィールドワーカーが、理論を忘れたり軽視した場合には、まさに「ホイキタ調査のでたとこインタビュー」になり、悪い意味での「実態調査」に終わるのがオチです。*6

同じように、フィールドワークの発想を軽視するサーベイ・リサーチャーは、「ワンショット・サーベイ」と呼ばれる、いちどやってしまえばそれで終わりという単発式のサーベイで現代社会のすべてがたちどころにわかるというような錯覚をもってしまいます。

また、逆にサーベイのセンスのないフィールドワーカーは、旅行記や軽いエッセイとあまり大差ない程度のエスノグラフィーを書いて、「とにかく自分はこの目で見てきたんだ」というようなことを言い張ります。もしかしたら、三流の小説やへたな詩くらいの価値しかない文章を書いて、ひとりよがりの満足にふけっているかもしれません。また、仲間うちにしか通じない隠語のような言葉で会話をし、一種の家元制度のようなフィールドワークの伝統を作ってしまうかもしれません。

今なによりも必要なのは、それぞれのアプローチにつきものの短所や限界を明確に認識しつつ、いくつかの方法を併用してこれらの制約や限界を克服しようという、「トライアンギュレーション（三角測量）」あるいは「マルチメソッド（多元的方法）」と呼ばれる発想なのです。ある点ではすぐれているように見えても、単独の方法ではどうしても現実のある一面しか明らかにすることはできません。いくつかの方法を併用し、さまざまな角度から光を当てることによってはじめて現実の姿は立体的に浮かびあがってくるのです。

†欧米から三十年も遅れている日本の社会調査

理論研究、サーベイ、そしてフィールドワークの三つのどれを欠いても、健全な「社会の学」の発展は望めません。それぞれを専門にする人々が一堂に会し、がっちりとスクラムを組んで研究を進めることこそが望ましい状態と言えます。

とても残念なことですが、日本の現状はこの理想からはほど遠いものがあります。理論とサーベイのふたつに比べて、フィールドワークがあまりにも立ち遅れているのです。すぐれた社会学的エスノグラフィーというと、数えるほどしかありません。たまに日本の現代社会を扱っていて参考になる日本語の本があるかと思えば、それが日本人の手によるものではなく、外国人の研究者が書いたものだったという話もよくあります。たとえば、ジェラルド・カーティスの『代議士の誕生』、ロバート・コールの『日本のブルー・カラー (*Japane Blue Collar*)』、あるいはトマス・ロレーンの『日本の高校』などです。*7

また、社会学的なフィールドワークの方法論に関する本格的な解説書もそれほど多くはありません。「社会調査法」と題された本の多くはサーベイのやり方について解説したマニュアルです。欧米では、一九七〇年前後にはすでに「サーベイ対フィールドワーク」というような不毛な対立はあらかた解消されていたことを考えあわせれば、日本の社会学は、こと社会調査に関しては少なくとも三十年は遅れていると言っても過言ではないでしょう（また、フィールドワークのマニュアルの場合に限らず、日本で刊行されてきた社会調査に関する解説書の中には、「仮説」や「問題意識」などの基本的な用語の使い方も含めて、かなり深刻な誤解や混乱が見られる場合が少なくありません。この点については、『社会調査の考え方』〈上下巻、佐藤郁哉、東京大学出版会、二〇一五〉で詳しく解説してあります）。

それで困るのは、とにかく信頼できる先行研究があまりにも少ないということです。若い人たちが日本の中でフィールドワークをしようと思っても、モデルにできるような研究がほとんどないし、先人のフィールドワークのデータや資料を参考にすることもできません。

私自身の例で言うと、三十年ほど前に京都で現地調査をしたときに、現在の京都の社会や産業、文化に関する民族誌的な研究が驚くほど少なくて困り果てた経験があります。また二十年ほど前には、小劇場を中心とする芝居の世界に関するフィールドワークをしていましたが、この分野でもまとまった民族誌的研究は皆無と言ってよく、調査の手がかりがつかめず四苦八苦していました。

アメリカやイギリスの場合だったら、これとは対照的に、特定の地域や問題についての先行研究があり、その民族誌の積み重ねを前提にしたり、あるいはまたそれらの民族誌の対象について再調査して批判するようなかたちで研究を進めることができます。まさに、雲泥の差なのです。

3 フィールドワークの実習課題

結局、手探りでやっていくしかないのです。一九九二年に出した『フィールドワーク』(新曜社)という本も、そのひとつの試みです(二〇〇六年に増訂版が刊行されています)。これは、いくつかのキイワードを中心にしてフィールドワークの方法について紹介した入門書です。この本の巻末には、フィールドワークという方法について知るうえで参考になる文献のリストをあげておきました。

もっとも、いくら泳ぎ方について解説した本を読んでも、実際に水の中に入らなければ泳ぎを覚えられないように、本だけ読んでフィールドワークがやれるはずはありません。また、包丁をいくら一生懸命に研《と》いでも、それで切ってみたいと思わせるようないい材料《ネタ》がなければ美味しい料理ができるはずがないように、人のやった調査を肴《サカナ》にして、フィールドワークの「方法論」について延々と議論を続けても、あまり意味はありません。

実際のフィールドワークに見習いとして参加するか、なんらかの実習を通して「体で覚える」しかないのです。私自身は、自分なりに作った次のようないくつかの実習課題を通して、学生にフィールドワークという方法について理解してもらうようにしていました(以下の囲みの中は、各課題について学生に与える指示を書いたものからの引用です)。なお、これはシカゴ大学でジェラルド・サトルズおよびゲイリー・ファイン両教授の実習の講義を受けたときの、私自身の体験をもとにしています。

①異人課題

自分が宇宙人あるいは機械になったつもりで、自分の家庭あるいは近しい関係にある人々との社会関係におけるエピソードを観察し、その結果について文章にまとめよ。

エスノグラフィーに対して投げかけられる批判のひとつに、「主観的な体験報告にすぎない」というのがありますが、では〈究極の客観的な報告というのは、いったいどういうものなのか〉という問題についていちど考えてみるために作ったのが、この課題です。宇宙人や機械に徹して、主観を極力排除して誰（あるいは「何」）にでも、まったく同じように観察し報告できるような視点と文体をもつことがはたして可能かどうかを体験してもらうのです。この課題をやってみると、特定の言語や理論のフィルターがいかに我々の視点に枠をはめているかということに気がつくはずです。

②不条理アンケート課題

考えられるかぎり『はい・いいえ』あるいはそれに類した二肢選択では答えられないような四、五問の設問からなるアンケートを作成し、それを十名程度の友人に実施せよ。次にその結果をクロス表の形にまとめ、そのパターンをむりやり説明ないし理論化してレポートにまとめよ。

これは、サーベイのパロディです。他の技法を併用したり、なんどもサーベイを繰り返さないかぎり、サーベイの報告書は判じ物に近いものになることを体得してもらいます。レポートは、断定調（「……である」「……だ」）と推測調（「これらの結果からは、……のように思われる」「……である様子がうかがえる」）の文体で書き分けてみても面白いかもしれません。明確な仮説を設定せず、また他の技法や別のサーベイによるデータという傍証によって脇をかためていないワンショット・サーベイの報告書には、後者のような文体がよく見られます。

③ルポルタージュ批評課題

沢木耕太郎著『一瞬の夏』を読み、このルポルタージュについて次の三点から論ぜよ——①記述のもとになったと思われる資料、②参加と観察のバランス、③文体と「現場性」のレトリック。

『一瞬の夏』は、ジャーナリストの沢木耕太郎が三十歳のときに書いた本であり、カシアス内藤というボクサーの再起をかけた試合にみずからマッチメーカーとして関わった体験をもとにしてまとめた、半自伝的なルポルタージュです。魅力的な文体で書かれており、フィールドワークとエスノグラフィーのセンスをつかんでもらうためには恰好の本なので学生には事あるごとに勧めています。ただし、ルポルタージュをフィールドワークのモデルにするときには、いくつか注意しておかなければならないこともあります。この点について理解してもらうための課題がこれです。②の課題との関連で言えば、山根一眞の『変体少女文字の研究』*8の構成と文体をオーソドックスなサーベイの構成と文体と比べてみると面白いかもしれません（本章末部に、作例を紹介しておきます）。

④ RASHOMON（羅生門）課題

何人かで三十～百二十分の出来事を同時に観察し、その結果を各自のやり方でフィールドノーツ*9としてまとめよ。

芥川龍之介の小説ではなく、黒澤明が監督した映画のタイトルの「羅生門」です。アルファベットで書いたのは、サトルズ教授の授業にならっているからですが、われわれ日本人の感覚からするとむしろ「藪の中」と言ったほうがわかりやすいかもしれません。同じ出来事についての複数の当事者の証言は、しばしば利害関係や記憶の変質によって大きく左右されることがあります。これと似た「主観的な報告」という点がよく、フィールドワークという調査技法の最大の弱点としてあげられます。

この点について実際に体験を通してたしかめてみようというのが、この課題のポイントです。実際にやってみると、記述の内容だけでなく、どういう項目をどのようなかたちで文章化するかという点でも相当のバラツキがあり、まさに十人十色のノーツができてきます。この課題のポイントは、このさまざまなノーツを民族誌のデータとして信頼できる資料に変えていくためには、どうしたらいいかという問題について考えていく点にあります。また、一定の記述のフォーマットを設定して観察することのメリットとデメリットについても、この課題を通して考えることができます。

⑤ノーツ・コメント課題

羅生門課題で作成した幾通りかのフィールドノーツを熟読して比較し、それぞれについて数行ないし十行程度のコメントを加えたレポートをまとめよ。

この課題の趣旨は、④とほとんど変わらないようにも見えます。しかし、単に他人のノーツと自分のノーツを比べてそれを口頭発表するだけの作業と、その結果を文章にまとめる作業とでは、考察の深さがまるで違います。ですから、この課題に際しては、どんなに短いコメントであっても箇条書きではなくひとつづきの文章で書かせるようにしています。そういう指示をあえて与えないと、今どきの学生はすぐ箇条書きでお茶をにごそうとします。私は、少なくともこの点に関しては、「学生性悪説」の立場をとっています。

†文学と科学のはざまにあるエスノグラフィー

右にあげた五つの実習課題は、すべて「どのような調査をするか」という問題だけでなく、「調査結果をどのような文章にまとめて表現するか」という問題に関わっています。

今回は、あまり詳しく触れることができませんでしたが、私は、民族誌というのは、基本的に科学と文学の両方にまたがり、ノンフィクション、小説、歴史書、紀行文、科学レポートといった多様なジャンルの文体をあわせもつ混成ジャンルとしての特徴をもつべきだと考えています。

読んで面白く、かつまた科学的な吟味にたえる文章。小説やルポルタージュの味わいをもち、かつ一方で、科学論文の明快さと緻密さをもつ文体。現場（フィールド）の雰囲気を生き生きと伝えるだけでなく、公共の議論にたえうるような文体……このような文体を正統のスタイルのひとつとして取り入れることができたとき、社会学は、社会の中における人間の営みを分析し社会について語る「学」として真にふさわしいものになっていくことでしょう。

もちろん、社会学の学問としての性格や課題についてはいろいろな考え方があることでしょう。しかし、私は、他の社会科学が人間の生活の特定の一側面——たとえば経済学だったら経済的側面、政治学だったら政治的側面——に焦点をしぼって分析するのに対して、社会学の重要な使命のひとつは、複雑かつ「わい雑」な人々の生活をそのまま丸ごととらえることにあると思っています。だからこそ、同じように「全体論（holism, wholism）」

の傾向をもつ文化人類学の場合と同じように、フィールドワークは、これからも社会学における大切なアプローチのひとつでありつづけることを確信しているのです。

ルポルタージュ批評課題のレポートから

※所属・学年はすべてレポート提出当時のもの。
なお編集の都合上、一部表現を変えてある。

『一瞬の夏』

記述の信憑性

……この作品が書かれたのは、昭和五十五年から五十六年にかけてであるというから、実際の出来事から、約二年が経過していることになり、よほど克明かつ細部にわたる記録が残っていない限り、記憶だけに頼ってそれを忠実に再現することは不可能であろう。そこには、記憶の不確かさに加え、重大な落とし穴があることをわすれてはならない。……しかし、正確な情報の記述だけが必ずしも「事実」を伝えるとは限らないのである。

（T大・三年・K君）

文体と「現場性のレトリック」

ごちゃごちゃと飾り立てることのない、すっきりした文体だと思う。一文が短く、時間に沿って淡々と文章が語られていく。それでいて読んでいて飽きさせないというのは、会話文の多さと、それに伴う「現場性」のおかげだと思う。……しかし、裏を返せば、著者が現れない部分には「現場性」がでてこない。……それにもかかわらず、その空白は現場と現場の間に呑み込まれるように現実性をおびる。それもまた、「現場性」の一部として捉えることも可能かもしれない。

（I大・四年・T君）

『変体少女文字の研究』

理論的前提の有無

著者は初めからあの奇妙な文字が少女に特有のものと決めてしまい調査も女子生徒のみを対象として行なっている。そして、最後の頃になって思いだしたように男子について言及し、それもほとんどこの一文で片づけられている。また、この理論に対する裏づけもない。

（T大・二年・K君）

文体と「科学的論証」のレトリック

文体としては、論文向きの事例をおもしろく描写するため、故意にノンフィクション小説のような雰囲気を出している印象を受けた。そういう意味では中途半端と言えないこともないかもしれないが、豊富なデータやいろいろな角度からのアプローチがそれを帳消しにしていると思う。読者にとっても読みやすく、飽きさせない配慮が感じられる。

（I大・四年・T君）

註

第2章

＊1　社会秩序そのものを問題にするということは、少なくともヨーロッパにおいては古代からある。たとえばアリストテレスも、そういう考察を行なっている。アリストテレスは、ふたつの水準で社会秩序を問題にしている。ひとつは人間の友愛関係や友情関係、もうひとつは都市国家との関係で社会秩序を考えていた。しかしこの場合、友情についての倫理的な関心や都市国家の政治についての関心から独立には社会秩序を問題にしていない。それらの関心のなかに組み込まれて社会秩序が問題になっている。

＊2　自殺は、非常に個人的な行為と思われる。きわめて個人的な理由で自殺は行なわれる。ところが、デュルケムは自殺の統計を見て国や地域によって顕著な特徴があり、人口に対する自殺率には非常に高いところと低いところがあるということに気づいた。自殺の動機となるような原因、たとえば恋愛の失敗率に地域差があるとは考えにくいからだ。結論的なことだけ言うと、ヨーロッパの場合、非常に個人主義的な社会では自殺率が高く、共同体の内的な結びつきがある程度強い地域では自殺率は低い。つまり連帯性がほどよく強いところでは自殺率が低くなり、一方、連帯性の弱い地域では自殺率が高くなっ

ているのである。デュルケムは、自殺が、個人的な挫折感だけではなく、連帯性の強度によっても強く規定されていることを示した。

＊3　真木悠介（＝見田宗介）……東京大学教養学部教授。著書に『時間の比較社会学』（岩波書店）、『現代社会の社会意識』（弘文堂）など。七〇年代に活躍し、日本の社会学に影響を与えた社会学者のひとり。

第3章

＊1　社会学における都市をめぐる議論の概観は、鈴木広（編）『都市化の社会学（増補）』（誠信書房）に収められた諸論文からおおよそ知ることができる。

＊2　彼らの代表的な論文は、＊1の文献で読むことができる。

＊3　人間生態学のこのような観点には、スペンサーやサムナー以来の社会学の伝統のひとつである社会ダーウィニズム的な社会像が見て取れる。

＊4　「人種の坩堝《るつぼ》」を目指したアメリカ社会において、民族集団の多様性は本来的な問題であった。ワースのアーバニズム論における人口の異質性が民族的な異質性であるように、アメリカ社会学の大都市研究においては、エスニシティの問題は重要課題のひとつである。日本においても、外国人労働者等の増加を受けて、都市における外国人の生活や意識の調査・研究がなされつつある。

＊5　マニュエル・カステル。一九四二年スペイン生まれ。代表作に『都市問題』（山田操訳、恒星社厚生閣）があり、現在は都市社会運動や高度技術、情報化などの問題に取り組んでいる。

＊6　ルイ・アルチュセール。フランスの哲学者。一九一八年生まれ。一九九〇年没。構造主義的に『資本論』を読みといた『マルクスのために』（平凡社）、『資本論を読む』（ちくま学芸文庫）によって、マルクス主義とマルクス研究に新たな視野を開いた。また、彼の「国家のイデオロギー装置論」は、文化研究と政治研究を架橋する仕事として大きな影響力をもっている。

＊7　マルクス主義的な視点からするこのような都市空間研究の先駆として、アンリ・ルフェーヴルの『都市への権利』（ちくま学芸文庫）、『都市革命』（晶文社）、『空間と政治』（同）がある。

＊8　日本における都市社会学の「古典」としては、磯村英一や鈴木栄太郎の業績がある。また、民俗学とも深い関係をもつ町内会研究などの蓄積も、日本都市社会学の大きな特徴である。

＊9　この論文も、＊1の文献に収録されている。

＊10　ロバート・レッドフィールド。アメリカの社会人類学者。一八九七年生まれ。一九五八年没。メキシコでの調査をもとにして、都市文明との接触による民俗社会《フォーク・ソサエティ》の文化変容を探究する。また、文化変容における都市の役割に注目して、都市を同系的文化変容の都市と異系的文化変容の都市とに分類する、独自の比較都市論を展開した。

＊11　フランスの人類学者。一九〇八年生まれ。二〇〇九年没。構造主義の代表的な論者のひとり。代表作に『親族の基本構造』『悲しき熱帯』（中央公論社）、『構造人類学』（みすず書房）、『野生の思考』（同）、『神話論理』（同）などがある。彼の構造分析は、ソシュールやヤコブソンの言語学、数学の群論の影響のもとにあるが、同時にまた、モースを経由したデュルケムの社会学の正統の後継者と見ることもできる。

＊12　ケヴィン・リンチ。アメリカの建築家、都市計画家。代表作に、都市居住者にとっての都市空間のイメージを記号論的に分析した『都市のイメージ』（丹下健三・富田玲子訳、岩波書店）がある。

＊13　ロラン・バルト。フランスの批評家、記号学者。一九一五年生まれ。一九八〇年没。『零度のエクリチュール』（みすず書房）や『神話作用』（現代思潮社）、『モードの体系』（みすず書房）、『S／Z』（同）などの著作を通じて、文学や文化現象の記号論的、テクスト論的な分析に新たな地平をひらく。都市の記号論を扱った論文として、「記号学と都市の理論」がある。日本旅行記である『表徴の帝国』（新潮社）は、七〇年代から八〇年代の日本の都市論にも影響を与えている。

＊14　具体的には、吉見俊哉『都市のドラマトゥルギー』（弘文堂）。

＊15　たとえば、喜安朗『パリの聖月曜日』（平凡社）、角山栄・川北稔（編）『路地裏の大英帝国』（同）、ダーントン『猫の大虐殺』（岩波書店）など。

＊16　羽仁五郎。歴史家。左翼イデオローグ。一九〇一年生まれ。一九八三年没。現代の読者の多くは、『都市の論理』と聞いてもピンとこないだろう——もっとも、私の世代でも同様ではある——が、彼を交えた研究会の記録である『都市の論理』（講談社文庫）は、全共闘運動とも結びついて、当時は大きな影響力をもっていたのである。

＊17　アメリカ人にとって、これに次ぐ大きな出来事は、郊外——都市でも村落でもない場所——の成立であった。郊外の成立は、ガンスの『レヴィット・タウン』に代表される都市社会学の新しい調査・研究を生み出していった。

＊18　誤解されないために述べておけば、社会学者とは、社会とは何なのかを知っている人間であるとい

うよりも、社会とは何なのかということをふつうの人よりも少しだけ真面目に考える人間であるということになるだろう。草創期の社会学者たちとは、彼らが生きる社会の「奇妙さ」に他の人びとよりも少しだけ敏感で、その奇妙さを言葉と論理によって捉えようとした人びとであった。

＊19　アメリカ社会の初期のかたちについては、トックヴィルの『アメリカのデモクラシー』（岩波文庫）を、またその変容と現代との関係については、ベラー『心の習慣』（みすず書房）を参照。

＊20　マクシム・デュ・カン。文学史的にはフローベールとの関係でほんの一瞥を与えられるにすぎず、したがってその作品など現在は誰ひとりとして積極的には読もうとしないこの人物の生涯を、幸か不幸か（たぶん、デュ・カンにとっては不幸なのだろうが……）現代日本の我々は、蓮實重彦の『凡庸な芸術家の肖像』（講談社文芸文庫）によって、かなり詳しく知ることができる。さらに言えば、『凡庸な芸術家の肖像』は、現代日本におけるもっともすぐれた社会史的な著作のひとつであると、私は思う。

＊21　このあたりの事情については、若林幹夫『熱い都市　冷たい都市』（弘文堂）の第三章を参照されたい。

＊22　『資本論』第一巻。

＊23　若林幹夫『熱い都市　冷たい都市』（弘文堂）。

＊24　『創世記』第十、十一章。

＊25　ピエール・クラストル。政治人類学者。一九三三年生まれ、一九七七年没。レヴィ＝ストロースの着想を継いで人類社会における政治的権力の生成に鋭い分析の視線を注いだが、不幸にして交通事故により死去。代表作は、『国家に抗する社会』（渡辺公三訳、書肆風の薔薇）。

＊26　吉見俊哉・若林幹夫・水越伸『メディアとしての電話』（弘文堂）。

第6章

＊1　著者がコーナーヴィルと呼ばれるイタリア人コミュニティの中で生活しながら、街角の若者たちの活動やイタリア人社会の構成を活写したモノグラフ。なお、ホワイトには、フィールドワークの方法論について論じたLearning from the Field (Newbury Park, Calif.: Sage, 1984) がある。

＊2　「社会学者とはどういう人間なのか」という問題もある。ここでは、ごく大ざっぱに、「○○社会学」というようなタイトルの本や論文を出している人々、大学なりそのほかの研究機関で「社会学」と名前のつく教室に所属している人々、あるいはまた「○○社会学会」に所属している人々という程度のきわめて広い範囲で考えている。

＊3　欧米のエスノグラフィーの宣伝文句や書評には、「社会学のジャーゴンがほとんど出てこない」あるいは「(大学者の) ビッグ・ネームがほとんど顔を出さない」という表現が、ほめ言葉としてよく使われる。

＊4　理論屋がみんな訓詁学や文献解釈学的な趣味で仕事をやっていると考えるのはまったくの誤解である。ウェーバーやマルクスあるいはデュルケムが、彼らが生きていた現実の社会の動向にどれだけアクチュアルな関心をもっていたかを考えてみよう。

＊5　一部のフィールドワーカーの間で流布している警句。

＊6　いい意味での実態調査は、安直な「意識調査」とは違って、「対象者がそれについてどう思ってい

るか」だけでなく、それがどのような生活の実態を背景にしているのかについて的確に描き出す。実際、安直な「アンケート」や意識調査ほど日本のサーベイを貧しくしてきたものはない。

＊7 日本の社会調査をめぐる状況のもうひとつの大きな特徴は、良質の民族誌あるいはそれに近い仕事を研究者ではなくジャーナリストがルポルタージュというかたちでやってきたということである（かつて『別冊宝島』のいくつかの号に載っていたルポルタージュも、ある意味では、日本の社会学者たちが無視ないし軽視してきた民族誌的な社会研究の一翼を担ってきたと言える）。ただし、ルポルタージュを民族誌の手本にするときには、細心の注意が必要である。これについては、拙著『フィールドワーク増訂版』の「聞き書き」および「ルポルタージュ」の項参照。

＊8 いわゆる「丸文字」の起源や社会的影響について、サーベイやインタビューをもとにまとめたルポルタージュ。山根の「定性分析」と「定量分析」についての、きわめてナイーブではあるが、さまざまな意味で示唆的な考え方については、彼の『情報の仕事術3』（日本経済新聞社　一九八九）の一〇七〜一〇九ページを参照のこと。

＊9 フィールドノートではなく、フィールドノーツである。この点については、拙著『フィールドワーク増訂版』の「フィールドノーツ」の項を参照のこと。

参考文献

第3章

ウェーバー，マックス（1964），『都市の類型学』世良晃志郎訳，創文社.
パーク，ロバート．E.（1986），『実験室としての都市――パーク社会学論文選』町村敬志・好井裕明訳，御茶の水書房.
蓮實重彥（1988），『凡庸な芸術家の肖像――マクシム・デュ・カン論』青土社（のちに講談社文芸文庫に収録〔上下，2015〕).
鈴木広編（1978），『都市化の社会学　増補版』誠信書房.
若林幹夫（1992），『熱い都市　冷たい都市』弘文堂（のちに増補版として青弓社より刊行〔2013〕).
―――（2014），『都市論を学ぶための12冊』弘文堂.

第4章

パーク，ロバート．E.（1986），『実験室としての都市』町村敬志・好井裕明編訳，御茶の水書房.
バフチン，ミハエル（1995），『フランソワ・ラブレーの作品と中世・ルネッサンスの民衆文化』川端香男里訳，せりか書房.
リースマン，デイヴィッド（1964），『孤独な群衆』加藤秀俊訳，みすず書房（原著は1950年).
吉見俊哉（1987），『都市のドラマトゥルギー』弘文堂.
―――（1992），『博覧会の政治学』中央公論社.
吉見俊哉・若林幹夫・水越伸（1992），『メディアとしての電話』弘文堂.
吉見俊哉（1994），『メディア時代の文化社会学』新曜社.
―――（2003），『カルチュラル・ターン，文化の政治学へ』人文書院.
―――編著（2014），『文化社会学の条件』日本図書センター.

第5章

アリエス，フィリップ（1980），『〈子供〉の誕生 ―― アンシァン・レジーム期の子供と家族生活』杉山光信・杉山恵美子訳，みすず書房.

ウェーバー，マックス（1972），『社会学の根本概念』清水幾太郎訳，岩波文庫.

――― （1979），「経済と社会集団」『世界の名著 61 ウェーバー』厚東洋輔訳，中央公論社，pp. 485-598.

――― （1998），『社会科学と社会政策にかかわる認識の「客観性」』富永祐治・立野保男訳，折原浩補訳，岩波文庫.

ギデンズ，アンソニー（1995），『親密性の変容 ―― 近代社会におけるセクシュアリティ，愛情，エロティシズム』松尾精文・松川昭子訳，而立書房.

ショーター，エドワード（1987），『近代家族の形成』田中俊宏ほか訳，昭和堂.

テンニエス，F.（1957），『ゲマインシャフトとゲゼルシャフト ―― 純粋社会学の基本概念』上下，杉之原寿一訳，岩波文庫.

トッド，エマニュエル（1992），『新ヨーロッパ大全　Ⅰ・Ⅱ』石崎晴己訳，藤原書店.

Needham, Rodney (ed.) (1971), *Rethinking Kinship and Marriage*, Tavistock Publications.

パーソンズ，T.，ベールズ，R. F.（2001），『家族 ―― 核家族と子どもの社会化』橋爪貞雄ほか訳，黎明書房.

バダンテール，エリザベート（1998），『母性という神話』鈴木晶訳，ちくま学芸文庫.

ベック，ウルリッヒ（1998），『危険社会 ―― 新しい近代への道』東廉・伊藤美登里訳，法政大学出版局.

Beck, Ulrich & Beck-Gernsheim, Elisabeth (2002), *Individualization: Institutionalized Individualism and Its Social and Political Consequences*, London: Sage.

マードック，G. P.（1978），『社会構造 ―― 核家族の社会人類学』内藤莞爾監訳，新泉社.

ミルズ，C. ライト（1965），『社会学的想像力』鈴木広訳，紀伊國屋書

店.
リーチ，E.（1974），『人類学再考』青木保・井上兼行訳，思索社.
———（1985），『社会人類学案内』長島信弘訳，岩波書店.
Levy, M. J.（1955）, "Some Questions about Parsons's Treatment of the Incest Problem," *British Journal of Sociology*, 6: pp. 277-285.
レヴィ，M. J.，ファラーズ，L. A.（1981），「家族 —— 比較考察」杉本良男訳，『家族と親族』村武精一編，未來社.
稲葉昭英・保田時男・田渕六郎・田中重人（2016），「2000年前後の家族動態」稲葉昭英・保田時男・田渕六郎・田中重人編『日本の家族 1999-2009 —— 全国家族調査［NFRJ］による計量社会学』東京大学出版会，pp. 3-21.
井上俊ほか編（1996），『岩波講座　現代社会学第19巻〈家族〉の社会学』岩波書店.
上野千鶴子（1990），『家父長制と資本制 —— マルクス主義フェミニズムの地平』岩波書店.
太田素子（2011），『近世の「家」と家族 —— 子育てをめぐる社会史』角川学芸出版.
落合恵美子（1989），『近代家族とフェミニズム』勁草書房.
落合恵美子・山根真理・宮坂靖子編（2007），『アジアの家族とジェンダー』勁草書房.
川喜田二郎（1988），『ヒマラヤ　チベット　日本』白水社.
佐藤俊樹（2011），『社会学の方法 —— その歴史と構造』ミネルヴァ書房.
沢山美果子（2013），『近代家族と子育て』吉川弘文館.
品田知美（2004），『〈子育て法〉革命 —— 親の主体性をとりもどす』中公新書.
———（2007），『家事と家族の日常生活 —— 主婦はなぜ暇にならなかったのか』学文社.
篠塚英子・永瀬伸子編著（2008），『少子化とエコノミー —— パネル調査で描く東アジア』作品社.
瀬地山角（1996），『東アジアの家父長制』勁草書房.
田間泰子（2001），『母性愛という制度 —— 子殺しと中絶のポリティクス』勁草書房.
坪内良博・前田成文（1977），『核家族再考』弘文堂.

長島信弘（1985），「社会科学の隠喩としての家族」『現代思想』13（6），pp. 148–157.
野田潤（2004），「『子どもにとっての家族』の意味とその変容」『相関社会科学』第 14 号，pp. 85–100.
——— （2008），「『子どものため』という語りから見た家族の個人化の検討 —— 離婚相談の分析を通じて（1914〜2007）」『家族社会学研究』20（2），pp. 48–59.
信田さよ子（2008），『母が重くてたまらない —— 墓守娘の嘆き』春秋社.
広田照幸（1999），『日本人のしつけは衰退したか ——「教育する家族」のゆくえ』講談社現代新書.
服藤早苗（1991），『平安朝の母と子』中公新書.
本田由紀（2008），『「家庭教育」の隘路 —— 子育てに強迫される母親たち』勁草書房.
目黒依子（1987），『個人化する家族』勁草書房.
山田昌弘（1994），『近代家族のゆくえ —— 家族と愛情のパラドックス』新曜社.
山田昌弘編著（2010），『「婚活」現象の社会学』東洋経済新報社.
渡辺秀樹（1995），「現代家族，多様化と画一化の錯綜」山岸健編『家族／看護／医療の社会学 —— 人生を旅する人びと』サンワコーポレーション，pp. 47–66.

第 6 章

カーティス，ジェラルド（1983），『代議士の誕生 —— 日本式選挙運動の研究』山岡清二訳，サイマル出版会.
Cole, R. E.（1971）, *Japanese Blue Collar*, University of California Press.
サトルズ，ジェラルド（2000），「フィールドワークの手引き」『フィールドワークの経験』好井裕明・中野厚編，せりか書房.
ホワイト，ウィリアムフート（1974），『ストリート・コーナー・ソサエティ』寺谷弘壬訳，垣内出版.
——— （2000），『ストリート・コーナー・ソサエティ』奥田道大・有里典三訳，有斐閣.

佐藤郁哉（1984），『暴走族のエスノグラフィー――モードの叛乱と文化の呪縛』新曜社.
――――（1985），『ヤンキー・暴走族・社会人――逸脱的ライフスタイルの自然史』新曜社.
――――（1992），『フィールドワーク――書を持って街へ出よう』新曜社.
――――（2002），『フィールドワークの技法――問いを育てる，仮説をきたえる』新曜社.
――――（2006），『フィールドワーク――書を持って街へ出よう 増訂版』新曜社.
――――（2015），『社会調査の考え方』上下，東京大学出版会.
沢木耕太郎（1984），『一瞬の夏』上下，新潮文庫.
ローレン，トーマス. P.（1988），『日本の高校――成功と代償』友田泰正訳，サイマル出版会.

本書は、一九九三年に出版された『わかりたいあなたのための社会学・入門』（別冊宝島）より第1章、第2章、第3章、第4章、第6章を抜粋したうえで補筆し、第5章を新たに書き下ろしたものである。

ちくま新書
1205

社会学講義《しゃかいがくこうぎ》

二〇一六年九月一〇日 第一刷発行 二〇一六年九月二〇日 第二刷発行

著者 橋爪大三郎（はしづめ・だいさぶろう）／佐藤郁哉（さとう・いくや）／吉見俊哉（よしみ・しゅんや）／大澤真幸（おおさわ・まさち）／若林幹夫（わかばやし・みきお）／野田潤（のだ・めぐみ）

発行者 山野浩一

発行所 株式会社 筑摩書房
東京都台東区蔵前二-五-三 郵便番号一一一-八七五五
振替〇〇一六〇-八-四一二三

装幀者 間村俊一

印刷・製本 株式会社 精興社

乱丁・落丁本の場合は、左記宛にご送付ください。
送料小社負担でお取り替えいたします。
ご注文・お問い合わせも左記へお願いいたします。
〒三三一-八五〇七 さいたま市北区櫛引町二-六〇四
筑摩書房サービスセンター 電話〇四八-六五一-〇〇五三

ISBN978-4-480-06898-9 C0236

ちくま新書

881 東大生の論理
——「理性」をめぐる教室
高橋昌一郎
東大生は理詰めで、知的で、クールなの？　東大の論理学講義で行った対話をもとにして、その発想、論法、倫理にふれる。理性の完全性を考えなおす哲学エッセイ。

893 道徳を問いなおす
——リベラリズムと教育のゆくえ
河野哲也
ひとりで生きることが困難なこの時代、他者と共に生きるための倫理が必要となる。「正義」「善悪」「権利」とは何か？　いま、求められる「道徳」を提言する。

910 現代文明論講義
——ニヒリズムをめぐる京大生との対話
佐伯啓思
殺人は悪か？　民主主義はなぜ機能しないのか？——ニヒリズムという病が生み出す現代社会に特有の難問について学生と討議する。思想と哲学がわかる入門講義。

946 日本思想史新論
——プラグマティズムからナショナリズムへ
中野剛志
日本には秘められた実学の系譜があった。『TPP亡国論』で話題の著者が、伊藤仁斎、荻生徂徠、会沢正志斎、福沢諭吉の思想に、日本の危機を克服する戦略を探る。

990 入門　朱子学と陽明学
小倉紀蔵
儒教を哲学化した朱子学と、それを継承しつつ克服しようとした陽明学。東アジアの思想空間を今も規定するその世界観の真実に迫る、全く新しいタイプの入門概説書。

1000 生権力の思想
——事件から読み解く現代社会の転換
大澤真幸
我々の生を取り巻く不可視の権力のメカニズムとはいかなるものか。ユダヤ人虐殺やオウム、宮崎勤の犯罪など象徴的事象から、現代における知の転換を読み解く。

1017 ナショナリズムの復権
先崎彰容
現代人の精神構造は、ナショナリズムとは無縁たりえない。アーレント、吉本隆明、江藤淳、丸山眞男らの名著から国家とは何かを考え、戦後日本の精神史を読み解く。

ちくま新書

900 日本人のためのアフリカ入門　白戸圭一
負のイメージで語られることの多いアフリカ。しかし、それらはどこまで本当か？　メディアの在り方を問い直しつつ「新しいアフリカ」を紹介する異色の入門書。

904 セックスメディア30年史 ——欲望の革命児たち　荻上チキ
風俗、出会い系、大人のオモチャ。日本には多様なセックスが溢れている。80年代から10年代までの性産業の実態に迫り、現代日本の性と快楽の正体を解き明かす！

914 創造的福祉社会 ——「成長」後の社会構想と人間・地域・価値　広井良典
経済成長を追求する時代は終焉を迎えた。「平等と持続可能性と効率性」の関係はどう再定義されるべきか。日本再生の社会像を、理念と政策とを結びつけ構想する。

937 階級都市 ——格差が街を侵食する　橋本健二
街には格差があふれている。古くは「山の手」「下町」と身分によって分断されていたが、現在もその構図は変わっていない。宿命づけられた階級都市のリアルに迫る。

941 限界集落の真実 ——過疎の村は消えるか？　山下祐介
「限界集落はどこも消滅寸前」は嘘である。危機を煽り立てるだけの報道や、カネによる解決に終始する政府の過疎対策の誤りを正し、真の地域再生とは何かを考える。

971 夢の原子力 ——Atoms for Dream　吉見俊哉
戦後日本は、どのように原子力を受け入れたのか。核戦争の「恐怖」から成長の「希望」へと転換する軌跡を、緻密な歴史分析から、ダイナミックに抉り出す。

1145 ほんとうの法華経　橋爪大三郎　植木雅俊
仏教最高の教典・法華経が、サンスクリット原典から全面改訳された。植木雅俊によるその画期的な翻訳の秘密に橋爪大三郎が迫り、ブッダ本来の教えを解き明かす。